学校経営こんなことが役立った

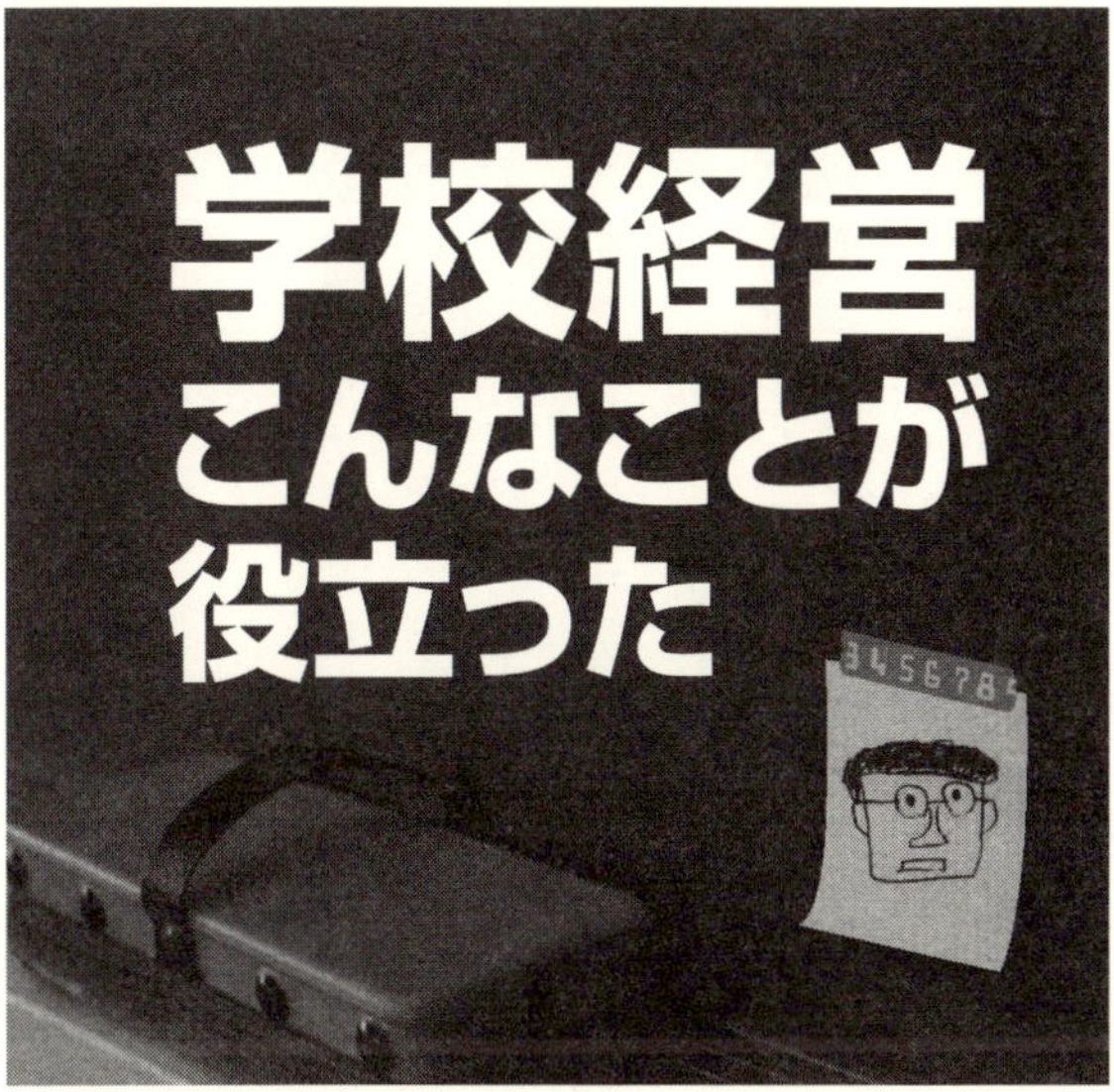

小島 宏［著］

教育出版

はじめに

自分の職業生活を振り返ってみますと、大小の失敗の連続でした。穴がいくつあっても足りないくらいです。しかし、幸運なことに、私は、人と運に恵まれました。生まれ育った三宅島を含めて住所を八か所、職場は教師で二校、教育委員会四か所、研究所三か所、校長で二校勤務しました。退職後は、客員研究員など研究所四か所、公益財団法人監査一か所、大学非常勤講師四大学を経て、現在、一般財団法人教育調査研究所に勤務しております。

多くの体験と出会いがありました。具体的なことは本書の中で触れましたが、左記のような方々にご指導・ご支援を賜りました。どのように感謝してもしきれません。感謝・合掌。

○課題のありかと方向を示唆・指導、悩み相談に応じてくださった上司、関連諸機関、先輩
○情報を提供してくれた同僚、協力してくれた保護者や地域の方々
○校長（自分）の意図以上の結果を出してくれた教職員、側面から援助してくれた事務方など
○一歩退いて、厳しく批判してくれた人

○やりたいことをやりたいようにさせてくれた寛容な妻や家族

このような体験をそのままにしておいては、単なる思い出になってしまいます。そこで、これまでにどのような体験をし、何を考え、何を知り、何に気づき、何を感じ、そしてそれらをどのように内面化（経験化）したかをまとめてみようと考えました。最初は回想録と考えましたが、それでは自分史的になりすぎると思い、次のように構造化してみました。

1章　学校運営編……学校経営・運営に関する事柄をまとめました。
2章　教育課程編……教育課程の編成・実施・評価、管理に関することに触れました。
3章　授業・教育活動編……授業の改善、学級の危機管理、授業崩壊などを整理しました。
4章　研究・研修編……研究や研修の体験を校内研究に生かす方途を考えました。
5章　評価編……学校評価、学習評価の疑問に答える内容としてまとめました。
6章　保護者・地域編……保護者や地域のクレームなど広い視野から論及しました。
7章　上司・先輩・同僚編……少し昔のよき学校文化の復活を願ってまとめました。
8章　教え子編……教師として、出会った教え子から学んだことも多くありました。
9章　仕事経験編……仕事の経験を通して学んだことを整理してみました。
10章　ふるさとと回想編……自分の原点が小中学校の恩師や友達にあったことに気づきました。

本書を書き進めるにあたって、多くの方々からいただいたご指導、お言葉や文章などを直接・間接に引用させていただきました。心より感謝申し上げます。先輩諸氏、読者の厳しいご指導をお願いするしだいです。また、企画の段階から校閲までお世話いただいた教育出版の阪口建吾氏に感謝申し上げます。

平成二五年七月

孫たちの健やかな成長を祈りつつ

小島　宏

目次

はじめに

1章　学校運営編

1　経営方針のちょっとした工夫で周知度アップ
――「校長の考え」を「構造的・平易・簡明」に表現　1

2　「逆ホウレンソウ」「記」「ダイコン」「アズキ」の効果
――好ましい人間関係の築き方と仕事の円滑遂行のコツ　5

3　レギュラシオン（調整）で肩の力を抜いて対応
――矛盾と対立と困難を乗り越える哲学　8

4　校務分掌の組織図に登場しない人がいる
――教職員のすべてが学校運営と教育活動を支えている　10

5　暇を見つけて校内をウロウロ
――観察して事実と雰囲気と悩みを察知　12

6　一に締め切り、二に内容
――「段取り力」が仕事の内容を濃密にする　14

7 学校便りは学校の広報戦略の要
——学校便りの中身が保護者の関心と信頼を得る 16
8 学校の危機管理は、一に生命、二に学力
——危機管理のマンネリ化と落とし穴 21
9 昔の教頭には仕事力と部下操縦術があった
——教頭の教師指導力と配慮・支援に期待 25

❷章 教育課程編

1 三十年前の防災教育指導資料
——忘れ去られた東海沖地震の予知情報 27
2 素人の発想を穴埋め式にして普及
——道徳教育の全体計画の作成方法 29
3 二か月間で指導資料を各学校に届ける
——公害教育から環境教育への転換 31
4 授業時数の確保は難しいことか？
——時数管理で授業の質（学力向上）と量（時数）の確保 33
5 週五日制と土曜授業の導入の矛盾
——その場しのぎの理屈と対処が招いた混乱 35
6 総合的な学習の時間が本当にねらったこと
——総合的な学習の時間の目標は、質の高い学力の中身そのもの 37

7　各教科を関連させた単元指導計画の開発
——各教科の目標や内容のつながりに着目した関連的展開　41

3章　授業・教育活動編

1　学級担任の危機管理がすべてのもと
——人間関係、学習指導、生徒指導の根幹は学級経営　45
2　いじめはどこにでもある
——いじめの指導と対応のポイント　49
3　教員の宝物になった週案へのコメント
——週案の点検と評価は、校長と教員の交換日記　53
4　授業の観察と指導・助言のポイント
——肯定的評価（ほめる）と否定的評価（注文をつける）の調和　55
5　何回も悩まされた学級崩壊
——「優しい扱い」と「子どもの主体性尊重」の適切な指導　57
6　授業崩壊の克服
——「教え込む授業」と「あいまいな授業」で知的好奇心の低下　61
7　各教科における道徳教育のモデルは五十年前にあった
——道徳教育の三つの原理　①各教科等の目標達成　②学び合い　③教師はモデル　65

4章 研究・研修編

1 反対理由がなくなったから研究指定を受ける
——研究にも北風(説得方向の説明)と太陽(納得方向の面談) 67
2 「出稼ぎ」で講師料をまかなう
——条件の整備とよい講師は研究の意欲と質につながる 69
3 二一世紀の教育プランの発表
——ゼロからの出発はやめ、あるものは活用し、ないものは創る 71
4 校内研究の講師から聞いたあれこれ
——管理職の思いと積極的なかかわりが研究意欲と成果に影響 75
5 海外の学校訪問で出合った「目から鱗」
——学校の目標、教師の仕事、担任の判断、教師へのサポート 77
6 海外研修の今だから話せるあれこれ
——指導体制 ICT活用の原点 操作的定義 漫画の吹き出し 81
7 外国で通訳つきの数学教育の講演
——外国の学生に通じた「考えさせながら教える」算数指導 85
8 教員処遇のあれこれ
——モンゴルの「学力達成度」と「児童からの信頼度」の重視 87

5章 評価編

1 教育の成果を中心にした学校評価の改善
——視点を教師評価から子どもの高まり度に変えた学校評価 89
2 学校評価と活用の「四・四の原則」
——「印象と直感」から「事実とデータ」に基づいた学校評価へ 93
3 学校評価を支える学校情報の効果的公表
——保護者等アンケートと学校関係者評価のあり方 95
4 専門調査員として学習評価にかかわる
——なぜ？「ABCは評価」で「321は評定」 97
5 どちらが正しいの？「評価規準」と「評価基準」
——評価規準（クライテリオン）と評価基準（スタンダード）の違い 99
6 指導と評価の一体化、本当はどういうこと？
——授業におけるPDCAのC（見取り）とA（支援）の実施 103
7 捨てずに取っておきたい通知表
——通知表の点検とコメントで教師の評価観を変える 105

6章 保護者・地域編

1 家庭教育の手引き
——「乳幼児編」「小学生編」「中学生編」「青年編」の手引書の作成 107

2　雨の中で立ちつくしたクレーム対応
　――理屈より心情が解決を早めた保護者対応　109
3　結局最初に戻った周年行事の会長
　――長いものには巻かれ、しきたりに従うことも必要　111
4　地域に「ホウレンソウ」をして連携促進
　――よき理解者はよき協力者に変わる　113
5　投書されて教育長から口頭注意
　――事実よりそういう状況を招いたことの反省を　115
6　届かなかった入学式の案内状
　――自分の落ち度ではないが学校の不始末　117
7　前代未聞といわれた卒業謝恩会の辞退
　――謝恩に値しない教育実践を深く反省　119
8　がっちり握手した研究発表会
　――十年前より発展した研究発表会を保護者と喜ぶ　121

7章　上司・先輩・同僚編

1　上司の校長から教わったこと
　――教職員をほめる、価値付ける、登用する、指導し・支える　123
2　先輩教師の善意の「お節介」
　――後輩に関心をもち、あれこれ指導・助言・示範する学校文化　125

3　空き時間に授業観察をして厳しく指導
——専門性をきめ細かく指導してくださった二人の先輩　127
4　青春時代の同僚とのやりとりの中で成長
——基礎づくりになった同僚との認め合い・助け合い・知らん顔　129

8章　教え子編

1　最初の教え子は五六歳、今は飲み仲間
——「みんな公平、仲よく」は、学校経営の基本でもある　131
2　負うた子に浅瀬を教えられ
——自分を越える人材の育成が校長の仕事　133
3　教師として活躍している教え子
——今の自分の後ろ姿が、未来の教師・校長を育てる　135
4　がんばっている「教え子もどき（?・）」
——校長、教育長などで活躍している人から、今も学ぶことは多い　137

9章　仕事経験編

1　小学校教師で経験したこと
——四つの心得「愛情・尊敬・感謝・寛容」　139
2　市の指導主事で最初に学んだ経営術
——根回しとしての「ホウレンソウ」の効果　141

3　都の指導主事で学んだ経営術
――「ホウレンソウ」の味つけ　143
4　昔、東京にも教育研究所があった
――研究しなければやがて泉は涸れる　145
5　教育課題対応のスタートに立ち会う
――初めの一歩を拓く発想と粘り強さが学校経営にも生きた　147
6　ＩＣＴ化に乗り遅れて大失敗
――新しいものを避けず、溺れず、克服することが重要　153

10章　ふるさと回想編

1　担任の先生に信頼されて今の自分がある
――見た事実と本人の話を信頼することが基本　155
2　肯定的評価で前向きにしてくれた先生
――教職員を「明るく、元気、前向きにする」のが校長の仕事　157
3　成績は伸びなかったが、人生を教えてもらった先生
――教師としてのあり方を示すのは校長の役割　159
4　いつも一緒だった親友と幼友達
――故郷には見慣れた風景と昔のままの人間がいた　161

1章 学校運営編

1 経営方針のちょっとした工夫で周知度アップ

――「校長の考え」を「構造的・平易・簡明」に表現

新米校長の四月、教職員に学校経営案を配って自信（?）をもって説明しました。反応はいまひとつで、この雰囲気を一年間引きずりました。なんとかしなければとつくづく思いました。

そこで筆者は、まず、学校経営を俯瞰してもらうことにしました。目指している学校像を「質の高い学力を保障できる学校づくり」と設定し、それを支える四つの要件を「A 自律と社会性を育てる教育」「B 学習環境の充実」「C かかわりを大切にする教育」「D 服務の厳正」として、次ページのように全体構想を立てました。

★重点

平成25年度学校経営の方針（例）　東京都T区立N小学校　○○　○H25．01．11

A　教育実践の改善・充実

1　基礎・基本の徹底　※T区教育ビジョン提言①
　☆いかに学ぶかの学習，★評価基準を活用した教科学習の充実
　★週案でP．D．C．A．の実施
2　個性を生かす教育の実践　※②
　☆体験的学習・問題解決学習・探究活動の積極的な展開・充実
　★肯定的評価，指導と評価と支援の一体化
　☆子供の柔軟，多様な発想，表現力，討論，高め合いの奨励
　★主体的に行動することの学習
　★生き方の学習（夢・希望・目的・生き甲斐・自己肯定感）
3　子供が主役の授業改善（実効的な校内研究・研修）　※⑪
　☆よさ・工夫・進歩の発見と称賛，指導と評価と支援の一体化
　★課題設定，体験・臨場感・生活感覚・当事者意識の重視
4　環境・福祉教育の推進（心の教育，確かな理解，行動力）※⑥
　★物を大切にする教育　　☆環境に優しい行動
　☆人や社会に役立つ体験，高齢者等との交流，ボランティア活動
5　国際教育の推進（文化・伝統の理解・相互尊重と創造）　※⑥
　★日本と世界，世界の子ども，ボランティア活動，交流体験，異なることの認め合い，仲直りのできる子　　☆外国語活動
　☆ｺﾐｭﾆｹｰｼｮﾝ能力（仲良しC，知的C，共存C）

C　学習環境の充実

1　施設
　☆有効活用，コミュニティ・生活指導子供会・体験活動へ協力
　☆安全点検・整備
2　設備　※⑪
　☆オープンスペースの整備・活用
　☆図書館・学習センター，PC教室の整備・活用
　★外部侵入者からの防護，安全・衛生面の点検・整備
3　教材・教具，協業※⑪
　★コンピュータ，インターネット，電子黒板等の積極的な活用
　☆教材・教具の共同開発・有効活用，適正管理
4　教育環境
　★地域学習ゾーンの整備・拡充・活用，授業協力者の参加
　☆必要な体験や活動が得られる学習環境の整備
　☆放送・掲示の内容・方法の工夫，人権・言語環境に配慮
　★機能的で美しく，創意，新鮮，変化のある教室
　オープンスペースを子供とともに運営
5　清潔な学校
　☆美しい心は美しい環境で育つ，汚れはよいが落書きは許さず

E　質の高い教育を保障できる学校づくり

学校の教育 ―― みがく・かかわる・未来をひらく
○すなおな子　　◎よく考える子
○なかのよい子　　○たくましい子

①子供に開き，楽しく生活と学習のできる学校をめざす
②教職員が開き，協働して教育する学校をめざす
③保護者・地域に開き，親しみのある学校をめざす※⑭
④地域に根ざした教育を実践する学校をめざす※⑨⑪
・地域は教室　・地域は先生・地域は教材・地域は世界への入り口

★「2013NE教育プラン」を実施し，改善する
☆開かれた授業・外国語活動の実践
★「考え，分かり，でき，活用できる」ようにする授業の実現
★生命と人権を守る→いじめ・不登校傾向の即対応・継続指導
　異なることの認め合い・きまりの徹底
☆情報教育の推進 ― 表現力の育成（思考・判断・表現）
　コミュニケーション能力の育成 ― 発信型の子供の育成（参画）
　― コンピュータの活用（実践力）
☆環境教育，福祉教育，ボランティア活動の日常化
★学校をひらく→学校情報の発信・受信，保護者・地域との連携

各教科・道徳・特活・外国語・総合的な学習・学校生活
学級経営・学年経営・学校経営

1　校内研究を日常化し，進化させる。
　★「2013NE教育プラン」の実践
　①学習評価の活用による授業改善　②「2013NE教育プラン」の実施
　③評価基準の活用，評価技法の開発と向上　④発展学習の実施
　⑤校内研究会の他校・保護者へ公開　⑥結果の出る授業実践
2　生活指導・学級経営・教科授業の充実，指導体制の工夫
3　成果の継続と問題点の改善による可変性・進化のある学校
　☆随時自己評価・即改善，4・4の法則，関係者評価，学校協議会と連携
4　教育情報の共有化・活用（校長も教頭も教師も発信も受信もする）
5　教師と子供，子供と子供が共に遊び，共に学ぶ楽しい学校
　☆いじめ，不登校に配慮し「かかわり」を大切にした学級・学年経営
6　学校をひらき，保護者・PTA・地域との相互理解・協力　※⑪⑫⑭
　☆学校便り・HP等，教育方針・子供の状況等の積極的な広報戦略

B　かかわりを大切にする教育

1　子供の生命・安全を守る※⑦
　★外部侵入者から防護，安全指導，避難訓練，痴漢撃退
　☆危険予知と危険回避　☆怪我・急病→校医・病院
2　自覚と自立の生活指導　※⑦
　☆4あ「挨拶，安全，集まり，後始末」の徹底
　★きまりを守る指導（必要感，最小限，つくる体験）
　☆基本的な生活習慣の徹底
3　人権・生命尊重の教育，体罰の否定　※⑦
　★叱る3重点（人権，生命，人や社会への迷惑）
　☆体罰に頼らない指導，肯定的理解と愛情ある援助
4　いじめの根絶　※⑦
　★心の通い合う温もりのある学級・学年経営
　☆しない，させない，見逃さない，許さない，最後まで見届け
5　全ての子供への温かい・柔軟なかかわり　※②⑤
　☆3かけの励行（目，声，手間）
　★3ほめの励行（努力，人のため，よい発想と実行）
6　「思いやり」(role taking abilities) の育成　※⑤
　☆子供と教師，子供と子供の温かいかかわり
　☆心の豊かさの重視（思いやり，手助け・支え，優しさ，親切）

D　服務・校務

1　評価基準は「子供のためになっているか？」
2　学校事務
　★事前相談，調整，適切な手順・手続き，正確な実施
3　校務分掌
　☆全校的視野，先取り，計画的，協働　★他校との協同開発
4　効率化・集約化・重点化
　★省資源・省エネ（4重点・みず・でんき・かみ・時間）
　★予算の計画的で正確な執行，有効活用，節減
5　理解・協力
　☆積極的な提案・直言　★記《き》・報連相《ほうれんそう》・大根《だいこん》・小豆《あずき》
6　原則尊重・実情に即し柔軟な運営
　☆理想は1つ現実は無限，理想に一番近い現実を選択
　☆人より仕事，全体より部分　★悩みを抱え込まない
7　服務の厳正
　★遵法　☆学校の常識≒区民の常識　☆健康優先
8　人間味のある渉外（保護者，関係機関，授業協力者等）
　★正しい日本語で話す，学校の立場で交渉する
　★早め，手順・手続きを正しく踏む，個人プレイ迷惑

これは、校長自身の考えを構造的に、平易に、簡潔に表現したもので、教職員からもわかりやすいと評価され、注目してもらえたので、理解を得ることにつながりました。知り合いの校長からも引き合いがあり、都県のいくつかの学校で取り入れられています。筆者も著作権を主張するどころか活用していただいて気をよくし、心底から喜んでいます。

次に、この構想図（基本方針）を基にして、「学校経営案」を作成しました。教職員はこの構想図によって全体像を概ね理解していたので、従来よりも、校長の学校づくりの方向（何を実現したいのか）と内容（具体的に何をすればよいのか）が理解できたようです。

次年度の経営方針について、次のような順序でゆったりと進めました。教職員に当事者意識をもってもらう意味で効果があり、周知徹底できたことを実感しました。

①全体構想素案を作成し、教頭、ミドルリーダーに配付して意見をもらう（一二月中旬）
②修正して全体構想案を作成し、全教職員に説明する（一月中旬）
③学校経営案素案を作成し、教頭や教職員全員に配付して意見をもらう（一月下旬）
④修正して学校経営案を作成し、全教職員に説明する（二月上旬）
⑤教育課程の編成に学校評価の結果と学校経営案を反映するよう教職員に求める（二月中旬）
⑥新年度の四月に再度、学校経営案について全教職員に説明する（四月一日）

三月下旬に、異動してくる教職員との面談や事務手続きをする機会がありますが、その折にも学校経営案を渡して、簡単に説明していました。

学校経営案は、次のような柱立てで構成し、具体的に、明確に、平易に示して、学校運営や学年・学級経営、児童生徒理解、教科指導、生徒指導などに反映しやすくしました。

Ⅰ　学校経営の基本理念
「①学校は子どものためにある　②本校は公立小学校である　③義務教育段階である　④生涯学習の基礎づくりである　⑤結果の出せる教育活動を展開する」が基本理念である。

Ⅱ　目指す学校像
「子どもが育つ、教職員が協働する、保護者・地域と連携する」学校をつくる。

Ⅲ　学校経営の基本方針
「質の高い学力を保障できる学校づくり」の実現を目指して、組織的に運営する。

Ⅳ　学校経営の努力点
評価基準を「子どものためになっているか」として、工夫・改善に努力する。

Ⅴ　信頼と互助の気持ちで励み合い、子どもの願い・保護者の期待に応える。
教職員が持ち味と専門性を発揮し、協同し、磨き合い、質の高い教育を保障する。

Ⅵ　学校経営・運営の校長の姿勢
子どもには愛情、教職員には感謝、保護者・地域には寛容の精神で、最終責任は校長がとる。

2　「逆ホウレンソウ」「記」「ダイコン」「アズキ」の効果
――好ましい人間関係の築き方と仕事の円滑遂行のコツ

上司は部下にホウレンソウ（報告・連絡・相談）を求め、部下は上司にホウレンソウを励行するのは、縦系列社会の望ましい人間関係のあり方、堅実な仕事の進め方となっています。これは、優秀な部下ばかりそろっている組織、少しでも上の責任あるポストに就いて仕事をしようと希望する者の多い組織にあっては、有効な処世術、対処法だと思います。

当然、学校にあっても、校長は、教頭や教職員にホウレンソウを期待し、求め、教頭や教職員の多くはホウレンソウに努めます。少なくとも、責任の重い、たとえば校長や教頭を目指す者には、研修会の機会にホウレンソウを説かれ、ホウレンソウを励行することが資質能力の要件の一つであるかのように強調され、求められます。そして、昇任試験論文に、ホウレンソウの必要性や実行を直接的・間接的に書き込み、多くの人がめでたく合格・昇進します。

それはそれでいいと筆者も思います。

でも、上司（所長、校長、部長、課長）になったときに、奇をてらったわけではありませんが、筆者は部下（部長、教頭や教職員、課長、係長・職員）に対して「逆ホウレンソウ、記、ダイコン、アズキ」を励行しました。このことで、好ましい人間関係もできましたし、仕事も円滑に進めることができました。望ましい人間関係づくりと仕事の円滑遂行のコツとして、これをお勧めします。

「逆ホウレンソウ」

校長から教頭や教職員に対して、必要なことを報告し、大事なことを連絡し、担当者や専門性の高い者に相談するように努めました。自分の考えを確認したり、教頭や教職員の意見を聞いたり生かしたりできるとともに、人間関係を密にでき、仕事も進めやすくなりました。当然のごとく、教頭や教職員からのホウレンソウも多くなりました。

「記」

「記」は、記録の記です。大事なことについては、「日時・表題・関係（出席）者名・言い分や発言・提案の要旨・結果（結論）・留意点・今後の見通し」などについて、大学ノートで作った校長日誌に記録するようにしました。

会話の内容や話し合いの結論は、時間の経過とともに曖昧になり、それが保護者や地域住民などとの信頼関係に亀裂を生むもとになることもあります。筆者は正確な記録をしておくことによって、誤解を防いだり、こじれを修復できたりした経験を、何度もしました。

また、記録を読み返すことによって、自らの発想や発言、物事の進め方などを、冷静に見つめ直すこともできました。

「ダイコン」

新しいことや困難なことには一歩を踏み出すことにためらいがちです。筆者は、そのときの方策を複数考え、最良と思えるものを選択し、大胆に実行することにしました。しかし、新しいことや困難なことへの対応は、そうはうまくいかないものです。根気よくあきらめないで取り組みました。「大胆に根気よく（ダイコン）」はとても有効でした。

「アズキ」

新しいことや難しいこと、込み入ったことは、一筋縄ではいきません。「こまめ（小豆＝アズキ）」に根回しをし、何度でも説明して、理解してもらえるように努力しました。こまめな渉外で難関をやっと乗り越えた経験が数多くあります。

3　レギュラシオン（調整）で肩の力を抜いて対応
――矛盾と対立と困難を乗り越える哲学

校長という立場に立つと、それなりの学校運営や教育活動を展開して、よい仕事をしたという実績（教職員の意欲的・組織的な学校運営や教育活動、児童生徒に質の高い教育の保障、保護者や地域との連携など）を残したいと考えます。

新任のころの筆者も当然そう考え、両肩に理想を載せてがんばりました。でも、うまくいかないことのほうが多く、気が重くなり、悶々とする時間が多くなりました。そんなとき出合ったのが、「レギュラシオン（調整）理論」でした。G・デスタンヌ=ド=ベルニス（グルノーブル大学）が、システム理論や生物学で、その構成諸部分が相互に整合していないシステムや動態的調節のことを「レギュラシオン」と言っていました。この概念を基にミシェル・アグリエッタ（フランス国立統計経済研究所）が、矛盾を抱えている資本主義を整合的に解決するにはどのような「レギュラシオン（調整）」を必要とするか考察し、「レギュラシオン（調整）理論」を誕生させました。一九七〇年代のことです（参考：山田鋭夫『レギュラシオン理論』講談社現代新書）。

筆者はこれを、難しい部分は読み飛ばして自分流に解釈して、困難に次のように対処するようにしました。気が楽になり、前向きに学校経営や教育活動等に取り組めるようになりました。

〈難しいことが毎日起こるのは当たり前〉……自分が原因でなければ、困難の起こることを苦にせず、積極的に克服しようとしました。

〈完璧を求めて落ち込まない〉……困難を理想的に、完璧に解決しようとすると思考が行き詰まり、気持ちがネガティブになるので、そのときできることに集中することにしました。

〈改善策を複数考える〉……その際、困難の要因や関係する情報を集め、そのときの自分に思いつく三つ以上の改善策を考えることにしました。

〈理想に近いものを一つ選ぶ〉……複数の改善策を比べて、一番理想に近く、自分にとって実行可能な一つを選択することにしました。

〈果敢に実行する〉……そして、それを果敢に実行することにしました。もちろん、「ダイコン」「アズキ」（前項を参照）を励行しました。

〈それでも、新しい困難が生じる〉……でも、しばらくすると問題が再燃したり、新しい困難が生じたりしました。時代の先頭を歩いているのだからこれも当たり前と考え、落ち込まないようにしました。

〈また、同じ発想で一歩踏み出す〉……そしてまた、そのとき考えつく複数の改善策を作り、一つを選択して同様に前向きに取り組みました。苦労はしましたが、苦にせずにすみました。

4　校務分掌の組織図に登場しない人がいる
――教職員のすべてが学校運営と教育活動を支えている

学校要覧といえば、少し前までは、学校沿革史、校歌、校地・校舎案内図（*）、学区域地図（*）、教育課程（教育目標、教育目標達成のための基本方針、各教科等の指導の重点、特色ある教育活動、生徒（生活）指導、進路指導、年間行事予定、生活時程（週間予定、一日の時程）、児童会（委員会活動、クラブ活動））、学年・学級別児童数、教職員氏名一覧（*）、学校の運営組織表が定番で、まさにこれを見れば、学校の概要が理解できるものになっていました（ただし、安全確保や個人情報保護の視点から、*印の項目はしだいに省略されるようになってきました）。

ところが最近は、学校を訪問して配付された学校要覧を見ても、学校の概要を知ることにあまり役立ちません。「我が校ではこのような教育活動を積極的に実施しています」ときれいな写真入りで、まるで量販店の客寄せ目玉商品の広告のように、これ見よがしにレイアウトしてあるだけです。

特に残念に思うのは、その学校がどのような組織で学校運営や教育活動に取り組んでいるかという部分がまったく省略されているか、あっても簡略になっていることです。学校が、どのような組織で学校運営や教育活動に取り組み、保護者や地域と連携しようとしているかを公開することは、学校教育の質を保障するための大事なことであると筆者は考えるからです。

この現象は、学校選択性を採り入れた地域に多く見られるような気がします。本来であれば、保護者や地域の人から、育った子どもの実際の姿を見てもらう、口コミで学校の教育活動の質の高さが伝わっていくというような、「真実に近い情報」に頼ることが重要に思います。従来の学校要覧のほかに、別刷りで発行するか、従来の学校要覧に新しい要素を加えて改善すべきだと思います。

話が横道にそれてしまいました。筆者がここで本当に言いたかったことは、校長先生や副校長・教頭先生は、ことあるごとに「学校を挙げて組織的に対応する」「学校組織として総力を挙げて取り組む」などとおっしゃいますが、そのことについて、少々申し上げたいのです。それは、学校要覧や職員室の組織図に、教員の担当する校務分掌しか表現されていないことがあまりにも多いことです。学校は、児童の教育を直接担当する教員だけで成り立っているのではないのです。事務職員や用務主事、調理師も、学校運営や教育活動を支えるさまざまな部分で仕事をしていますし、学校運営についてもそれぞれの立場から貢献しています。

したがって、組織図の中に明確に位置付け、事務職員や用務主事などの存在を教員と同様（同格）に表記すべきだと思います。自校の組織図を確認してみてください。

5 暇を見つけて校内をウロウロ
――観察して事実と雰囲気と悩みを察知

昔々、筆者の新採時代のM校長は、暇を見つけてはペンチと金槌、釘などを持って、校内を絶えず巡視していました。木造校舎のころでしたから、廊下の釘が浮き上がっていれば金槌でたたいて引っかからないようにしていました。針金が突き出ているところを見つけると切り取ったり、危なくないように曲げたりしていました。

M校長のこのような行動を見て、教職員も子どもに危ないことはないかと学校内外の環境、施設や設備に関心をもち、けっこう自発的に動いていたように記憶しています。今になってみると、まさに、管理職が、自分の後ろ姿で教職員を指導していたことに思いが至ります。

ところで筆者は、東京都立多摩教育研究所（平成一四年に廃止）に勤務していたことがあります。この研究所時代に、校長の体験を基に、指導主事に「ウロウロ経営」なる独りよがりの学校経営論を説いたことを思い出します。

きちんとした理論構成に基づいた学校経営論ではなく、次のような「事実に根ざした学校経営」を提案したのです。これは、何人かの共感を得て、実際の学校経営で自分流に改善して活用している校長先生がいます。うれしいかぎりです。

〈あるべき姿を描く〉……はじめに、自分（校長）としては、「何をどのようにしたいのか、どのレベルにしたいのか」を具体的に描くようにします。これが明確かつ具体的になっていないと、子どもと教職員の行動や教育活動などが見えてきません。

〈事実をとらえる〉……次に、自分が思い描いている学校運営や教育活動が行われているか、自分の目で観察し確認するのです。教職員や子どもを観察した事実や雰囲気と、悩みを察知することができます。実態を知らずして、それをいっそうよくする発想や、課題を解決する方策を練り上げることがうまくいかないことは、いうまでもありません。

〈事実をあるべき姿に近づける対策をする〉……校長が、どこかに書いてあるようなきれいごとを言うのではなく、事実とデータに基づいて、「これは大変うまくいっている」「ここにこのような課題（問題）が見えるので、どのようにするか考える必要がある（このように対応して解決する）」「ここが不十分だから、このような発想でこうしたらどうか」「これは、どうやら新しいことを導入しないとうまくいきそうにない。私も考えるが、みなさんも知恵を出してもらいたい」などと、具体的に対応することができます。しかも、校長だけでなく、全教職員を巻き込んで組織的に、前向きに対応できるようになります。

6　一に締め切り、二に内容
――「段取り力」が仕事の内容を濃密にする

物事には、たいてい、何をいつまでにという「締め切り」というものがあります。これがなかなか厄介なことで、いつも悩まされてきました。

やる気があって、さあ始めるぞと取り組み、やろうとするのですが、肝心の中身がどうもうまくまとまらないのでした。何をどのようにするかがはっきりしていても、とても手間がかかって期限までにできあがらないということもありました。このような私を見て、ある先輩から「小島さん、物事は、一に締め切り、二に内容だよ」と言われました。

筆者の若いころ、小学館の月刊誌『教育技術』に算数の実践事例を提案していたときのことです。いつも締め切りに間に合わず、もう月刊誌としてはこれ以上遅れることは許されないというときに、印刷所にぎりぎり原稿を入れるということが続きました。たぶん、担当の編集者が「小島は原稿が遅くて困る」と先輩に苦情を言ったのだと思います。それに対する先輩からの忠告が、「一に締め切り、二に内容」だったのです。

「内容なんてどうでもいいからとにかく締め切りに間に合わせなさい」という意味でないこと

はわかりましたが、この言葉を聞いて気持ちが楽になったことを思い出します。

筆者はこの言葉を、「物事は、期限に間に合うように段取りをつけて仕事を進めなさい」というように少し意訳して活用しました。

このことによって、いつ・いつまでにするのだから「①何をいつまでにしなければならないかを確認する　②仕事の意図や内容をつかむ　③大まかな内容構成をする　④必要な資料や情報、データ、過去の進め方を調べる　⑤内容構成にしたがって④を使いながら一次案を作る　⑥この段階で必要があれば先輩や上司に指導・助言してもらう　⑦指導・助言の内容を読み込んで修正する　⑧再度意図や内容に照らして点検し、最終案として仕上げる」ということがいつの間にか身につき、ずいぶん助かりました。

おかげで、いまでは「仕事がはやい」というレッテルを貼られています。「一に締め切り、二に内容で、私の原稿や仕事は中身が薄いからね」と反論すると、あわてて「いや、そういう意味ではないのです……」ということになっています。

校長や副校長・教頭、主幹・主任にかぎらず、責任ある立場に立ったとき、あることを任されたときは、「一に締め切り（段取り力）」「二に内容（一定の質の確保）」で、濃密な仕事ができるようにしたいものです。

7 学校便りは学校の広報戦略の要
――学校便りの中身が保護者の関心と信頼を得る

学校便りは、すべての小中学校が定期的に発行していると言ってもまず間違いないと思います。ところが、その内容を見るといろいろで、巻頭言や内容だけを取り上げてみても、学校ごとに次のような特徴があります。

〈巻頭言は誰が書くか〉……校長が常に執筆している。校長と教頭が交代で執筆している。校長が二分の一、教頭と教務担当主幹と生徒指導担当主幹が交代で残りの二分の一を執筆している。入学式の式辞や卒業式の式辞以外は巻頭言を掲載しない。

〈巻頭言に何を書くか〉……学校（児童生徒や教職員）のがんばっていることや、よくなったことについて事実を紹介している。学校の教育活動や学校行事や児童生徒の実態に対する学校の考え方、実施していることや課題への取り組みなどを伝えている。季節や社会の動きに対する校長の感想などが中心である。校長が読んだ本の内容や感動した出来事を美文で綴っている。学校から保護者への依頼事項、協力要請を載せている。教育課程や生徒指導に関する内容を書き、理解と協力、啓発をねらっている。

〈どのような内容で構成しているか〉……年度はじめや学期はじめ、年度末などに、学校の教育目標や基本方針などを簡潔に公表し，協力を求めている。毎月の行事予定を載せている。児童生徒の学習状況、学校行事の様子を写真と簡単な説明で紹介している。各学年の学習や活動を簡単に報告している。交通安全、問題行動、善行などについて報告や啓発などを行っている。

ところで、これからは学校便りを、学校情報を保護者や地域住民に効果的に発信し、次のようなことを保護者や地域住民に知ってもらい、協力してもらえるようにするための「広報戦略」の一環として位置付けていくことが求められると思います。

学校便りを情報公開の中核にする

学校便りは、学校の情報公開の一環であり、中核であると考えます。学校（校長個人ではなく学校を代表する校長として）の考え方、児童生徒の教育に関すること、それを効果的に進めるための活動などについて、正確、明確、簡潔、平易に知らせるようにします。

筆者の校長時代は、学校便りと学校ホームページをリンクさせ、毎月一回の定期的な学校便り（B４裏表四ページ）のほか、入学・卒業特集号や安全配慮など臨時の学校便り（A４裏表二ページ程度）を発行するようにしていました。校長が保護者や地域住民に直接語りかけるものと位置付け、年間五十号前後発行していました。

すべてを学校便りに統合する

給食（食育）便り、保健室便り、生徒（生活）指導便り、キャリア教育（進路指導）便り、教育相談室便りなども個別に発行しましたが、学校便りと一貫性のあるものにしました。学年・学級便りも、発達段階や独自性は配慮しつつ学校便りとの一貫性を考慮するよう求めました。

年間発行計画を立てる

学校便りやホームページの年間発行計画を年度はじめに立てて、意図的・計画的に発行できるようにすることが重要です。今度の学校便りの内容はどうしようか、巻頭言のテーマはどうするかと、そのつど思いめぐらせるようでは、その場かぎり、思いつき、筋の通っていない「軽いもの」になり、保護者も真剣に目を通してくれなくなってしまうかもしれません。

したがって、発行計画に沿って、教育活動や学校運営の観察や確認、十分な情報収集、じっくりと練った巻頭言を心がけます。慣れれば、比較的簡単にできるようになります。

巻頭言は校長が中心に執筆する

これは筆者の考えですが、巻頭言は校長が書くべきだと思っています。時には変化をつける意味で教頭や主幹教諭に担当させる例外があってもいいとは思いますが、毎月、保護者や地域住民に対して、学校の責任者として校長が巻頭言を書くのは当然で、それ以外はないと考えるべきだと思います。

巻頭言執筆のポイント

ところで、あくまでも参考として、巻頭言の執筆で配慮したいことを、筆者の体験を基にして十箇条に整理してみました（参考：拙著『学校便り巻頭言の書き方&文例』学事出版）。

1　ねらい・意図を明確にもつ
2　関連する情報や資料、データを収集する
3　構想を十分に練る
4　正確、適切、簡潔、平易に書く
5　正しい日本語をつかうようにする
6　事実とデータを活用し、裏付けをする
7　語りかけるような気持ちで表現する
8　「です、ます」調で丁寧に表現する
9　事前に教職員の意見を聞き、調整をする
10　保護者や地域住民への感謝の念を織り込む

避けたい巻頭言

また、個人的な体験の中で整理したものにすぎませんが、校長の巻頭言で陥りがちなことの戒めとして、あくまでも参考として十箇条挙げてみます（参考：前掲書）。

1 校長自身の自慢話はしない
2 特定の人の名を挙げてへつらわない
3 中立・公正・公平に配慮し、ぶれない
4 保護者や地域に求めすぎない
5 押しつけにならない
6 関係者を短絡的に責めない
7 時候の挨拶や行事の由来等を長々と書かない
8 過度に他人の言葉や作品から引用しない
9 格調の高すぎ、難解な漢字や用語は避ける
10 針小棒大の粉飾はしない

8　学校の危機管理は、一に生命、二に学力
――危機管理のマンネリ化と落とし穴

一般的に、学校の危機管理の中身は、次のようにくることができると思います。

①教育課程・教育計画……国旗掲揚・国歌斉唱、学習指導要領の全面実施・学力保障、新指導要録に基づく学習評価の改善、週案や学級経営案等の提出、副読本・教材の採用、その他

②学校組織・運営……校務分掌、ＩＣＴ活用による校務の効率的処理、主幹教諭などミドルリーダーのリーダーシップ、職員会議など諸会議の組織と運営、その他

③教職員の服務・勤務……勤務時間や時間外勤務など勤務態様、セクハラ・買春、交通事故や犯罪、体罰、その他

④生徒（生活）指導……学級崩壊、授業妨害・授業崩壊、暴力行為、対教師暴力、器物損壊、いじめ、恐喝、万引き、シンナーや脱法ドラッグなど薬物乱用、飲酒・喫煙、引きこもり・不登校、無免許運転、その他

⑤施設・設備……適切な管理と活用、施設瑕疵による事故、侵入者・泥棒の防止、安全点検・修復、施設・設備のＩＣＴ化による教育環境の整備、その他

⑥職員団体や外部諸団体との関係……校内人事、関連法規や条例に基づいた服務・勤務の厳正、政治的行為の制限、争議行為等の禁止、団体交渉、その他

⑦保護者・PTA、地域住民との関係……効果的な学校情報の公表、クレーム対応、PTAや同窓会・地域町会・諸団体などとの協力関係、校庭・校舎の開放、給食費等納付金の未納、学校評価、その他

ところで、危機管理の中身を、学校教育法第三七条第四項（準用規定第四九条）の規定を基にして、四つの「管理」（学校教育の管理、所属職員の管理、学校施設の管理、学校事務の管理）および二つの「監督」（所属職員の職務上の監督、所属職員の身分上の監督）ととらえると、いっそうわかりやすくなると思います（参考：「東京都台東区立学校の管理運営に関する規則」第五条）。

また、危機管理の内容としては、次の三段階に分けて整理するとわかりやすくなります。

(1)危機の発生を防いだり備えたりする「未然防止的な危機管理（リスクマネジメント）」

(2)危機的状況が生じたとき、それを最小限に食い止めたり避けたりする「事後対応的な危機管理（クライシスマネジメント）」

(3)危機的状況に体験して気づいたことや身についたことを教訓として知見を再構成し、危機管理の進歩を促す「再発防止的な危機管理（ナレッジマネジメント）」

ところで、学校の危機管理では、「児童生徒の生命・身体の安全確保」がなによりも優先され

るべきです。

第一は、前記⑤の施設・設備の不適切な管理と活用や施設瑕疵による事故および侵入者による乱暴や傷害の防止、①の教育活動に関連して授業中や休み時間の事故など学校事故から児童生徒の生命と安全を確保することが重要です。

第二は、④に関連して、暴力やいじめなどによって、児童生徒が悲しい思いやつらい目に遭わないようにすることがきわめて重要です。学校は、児童生徒の安全が確保され、安心して生活や学習ができ、安定した心で過ごせるところである必要があります。いじめに起因する痛ましい出来事が報じられるたびに、学校の危機意識の希薄さを感じますが、筆者だけの思い過ごしでなければよいと思っています。

児童生徒が元気に自宅を出て登校し、学校で充実した生活と学習をして、元気に下校し自宅に帰ることは、当たり前のことですが最も重要なことなのです。登下校中の交通安全や不審者等からの安全確保、学校事故の防止、学校侵入者からの児童生徒の安全確保、防災などは、特別なことではなく、いつも意識し、予兆の発見に努め、全教職員が緊張感をもって「指導と予防、対応と改善」に努めなければならないことです。

これらは、校長が百万遍説いても浸透するものではなく、行動化しないものです。そこで、臨場感と当事者意識を刺激する具体的な研修を実施し、さらに実地訓練をして体にしみ込ませることしか方法はなさそうです。マンネリ化し、これはいつもやっていることだからという無関心や手抜きによる落とし穴が生じないように、校長は教職員に指導・助言し、注意を喚起する必要があります。筆者の体験では、新聞やテレビの報道を例にして、随時に指導・助言し、教職員一人一人の立場や役割に応じて、生命・身体の確保を保障できるように努めているか点検し、確認させるようにすると効果的です。

その上で、①の中身として「質の高い学力が身についたか、思いやりや協力の心が育ったか、健康・体力は育成できているか」を考えてほしいと思います。中立・公正な教育をする、週案を作成し活用する、国旗・国歌の指導をするなどはもちろん重要ですが、最終的な目標ではないと考えます。学校は「質の高い教育が保障できているかどうか」に、強い危機意識をもって取り組むべきだと思います。学校の本来の機能は、児童生徒の生命・身体の安全確保の上に、質の高い教育を保障することにあるからです。筆者は校長として、このことを常に意識していました。

さらに、④の中身を具体的にして危機管理を徹底することも重要です。いじめ、不登校、児童虐待、生活や学習や友人関係などの悩みなどに敏感になって、児童生徒の理解を丁寧に行い、きめ細やかな指導を進めることが重要です。

以上のことを端的に表現すると、「一に生命、二に学力」ということになります。

9　昔の教頭には仕事力と部下操縦術があった

――教頭の教師指導力と配慮・支援に期待

最近の教頭の外部対応や校務処理は、いまひとつと感じることが少なくありません。なにかを電話で尋ねても、即答することができない場合が多いです。連絡や依頼の文書でも用件が抜けていたり、内容に誤りがあったりすることもあります。電話で校内研究の講師依頼があったきりで、こちらから問い合わせをしないかぎり「なしのつぶて」という場合すらあります。教頭の力量アップと、身につけた力を発揮させるのも校長の仕事です。

そこで、筆者の教師生活の中で出会った教頭先生を思い出してみました。教師時代は、荒川区立第一峡田《はけた》小学校で三人（このころは、教頭という職位が学校教育法上で確立されたばかりでしたが、経験の浅い教師の筆者は、教頭の職務について関心ももちませんでしたし、知りませんでした）、東京学芸大学附属小金井小学校で五人の教頭先生に指導していただきました。

「ちょっと話そうか！」「この前、研究会に参加して、その報告はどうなっているかな？」と声をかけられ、「整理して資料と一緒に学年主任に提出してあります」と答えると、「それならいい。校長先生が心配していたから……」とフォローしてくださいました。保護者から「うちの子どもは職人にするんだ。理屈ぬきで教えてくれ。考えろなんて余計なことはさせるな」と職員室に怒鳴りこまれたときも、じっと見守ってくれて、最後に「お父さん、若い先生にはっきりと教えてくれてありがとう。でも、これからは職人も、考えていい仕事をしないとだめな時代なんですよ」と、助け舟を出してくれました。昔の教頭先生は、仕事力がある上に、部下を指導・助言する力も、その気にさせて仕事をさせる部下操縦術も優れていたように思います。

校長時代は、教頭先生から助けられ、支えてもらいました。東村山市立化成小学校では、教育委員会指定の研究に取り組みました。教員の足並みがそろわず、立ち上げに手こずりました。YN教頭が全員と面談して研究の意義を説き、校長の格好悪い職務命令を回避してくれました。その後任のHN教頭は、研究主任を指導して全員授業の研究、全員授業の発表会を企画実施してくれました。研究発表会に五百人を超える参加者を得て、全教職員こぞって満足顔になりました。

台東区立根岸小学校では、文部科学省の総合的な学習の時間のカリキュラム開発に取り組みました。TO教頭は、全教員の足並みがそろうようにきめ細かく意見を聞き、すべてが反映するよう研究主任をサポートしました。後任のMK教頭は、全教員のアイデアを触発し、学校総合、学年総合、学級総合をつくり出し、「2002根岸教育プラン」にまとめ、全国に発信できました。研究発表会の一六〇九人の参加者は、産みの苦しみと努力へのねぎらいと受け止め、全員で素直に喜びました。

2章 教育課程編

1 三十年前の防災教育指導資料
――忘れ去られた東海沖地震の予知情報

昭和五六年に、筆者は市教育委員会の新任の指導主事になりました。そのとき担当した仕事が、「近いうちに東海沖地震が発生するおそれがある。警戒宣言が発令されたとき各学校がどのように対応したらよいか、そのマニュアルを作成する」ことでした。

防災教育指導資料作成委員会を立ち上げ、一年間かけて「防災教育指導資料」を作成したことを懐かしく思い出します。内容は、児童生徒に対して平時にどのような指導をしたらよいか（リスクマネジメントの発想に基づく指導計画と指導、保護者への啓発、その他）、どのような訓練をしたらよいか（クライシスマネジメントの発想に基づく指導と訓練、引き取り訓練、その他）というような素朴なものでした。それでも、それ以前の火災や地震の避難訓練からは大きく進歩したものでした。

ところが、それから数年しても東海沖地震が起きることもなく、社会やマスコミも、学校も保護者も関心が薄れ、いつしか話題に上らなくなってしまいました。あれほど真剣に、気合を入れて取り組んだことが嘘のように風化していったのです、

ことわざにある「天災は忘れたころにやってくる」のとおり、東日本大震災が突然襲ってきました。東日本大震災を振り返って、いまさらのように自然の猛威の前に人間の力の小ささを認識しないわけにはいきません。被災された多くの人たちに衷心からお見舞い申し上げますとともに、一日も早い復興を祈らずにはいられません。というよりも、日本中の一人一人が我が事のように受け止め、復興のために何ができるか（応援の心、直接のボランティア活動、お金や物の寄付、産物の購入による支援、自治体や国の活動、政治家への働きかけ、復旧・復興に関する建設的な意見、その他）を考え、行っていくことが大切だと思います。

また、学校でも児童生徒に対して、防災に関することや復興に貢献することを含めてさまざまな視点から指導し、実際に行動できるようにしていきたいものです。それが学校の役割です。

2　素人の発想を穴埋め式にして普及
――道徳教育の全体計画の作成方法

道徳教育の全体計画の作成が義務付けられたのは、平成元年三月に改訂された学習指導要領からです。第三章道徳の「第三　指導計画の作成と各学年にわたる内容の取扱い」に、各学校において道徳教育の全体計画と、これに基づいた道徳の時間の年間指導計画を作成することが明記されました。

現在は、道徳教育の全体計画は、道徳教育推進教師を中心に、すべての小中学校において当たり前のように作成されています。

東京都立教育研究所道徳研究室に所属していた当時、この「道徳教育の全体計画」をどのように作成したらよいかをはっきりさせ、各学校に参考として啓発・普及させることが筆者の仕事になっていました。しかし、筆者は算数教育を中心に活動してきましたから、この仕事はいわば専門外のことで、大変苦しみました。また、どのように全体計画を作成したらよいかが不明で、道徳教育を専門として研究している人たちの間でもあいまいでした。

一緒に仕事をしていたＨＴ指導主事、道徳の研究生として学校から派遣されていたＡＵ教諭、

ＹＭ教諭、ＨＴ教諭、ＴＳ教諭の五人の力を借りて作成しました。

何か参考になるものはないかと探しましたが、見つかりませんでした。そこで、「ないものは創ろう」と無謀な考えを起こし、一学期間かけて研究し、試作品にまでこぎつけました。二学期の研修会で四〇人の受講者に全体計画の作成の仕方を講習しました。

筆者たちが作った全体計画作成の手引きは静かに浸透し、各学校から引き合いがあり、八〇部、一五〇部と増刷して配付しました。最終的には、八〇〇部以上を配付し、一応責任を果たしたとほっとしたことを、昨日のことのように覚えています。

全体計画作成の手引きの普及では、ちょっとした工夫がありました。理論編は学習指導要領や指導資料を引用して構成しました。実際の作成の仕方では、はじめに「①関連法規や教育委員会の教育目標や基本方針　②児童生徒の実態・教師の願い・保護者や地域の願い・教育課題　③学校の教育目標および重点目標　④道徳教育の目標　⑤学校の道徳教育の方針　⑥道徳の時間の目標および低中高学年の指導の重点事項　⑦学校経営や学年・学級経営の充実、家庭・地域との連携　⑧各教科等における道徳教育　⑨生徒指導における道徳教育　⑩特色ある教育活動　⑪環境整備　⑫教育課題」について、枠組みだけを作成して提示しました。そして、穴埋め式に、①から順次書き込んでいく手法をとりました。もちろん、参考記入例を示して実習しました。この手法は、いまでも、新しい教育課題に対応する構想案を立てる際に使っています。

3　二か月間で指導資料を各学校に届ける

――公害教育から環境教育への転換

東京都教育庁指導部に異動を命じられたのは、平成三年一月一六日付でした。筆者を待っていたのは、環境教育指導資料を作成し、年度内に公立小中学校に配付するという仕事でした。これにはいささか驚きました。正直、無理難題だと思いました。

スタッフは、主任指導主事の筆者とＨＩ指導主事とＨＴ指導主事の三人だけです。期間も二か月あまりしかありませんでしたが、東京都環境教育研究会の協力を得ることができて、環境教育指導資料作成委員会を立ち上げ、「ないものは創る」の精神で果敢に取り組みました。

有能な二人の指導主事と環境教育指導資料作成委員会の、限界を超えるような考察と努力によって、なんとか作成できました。また、小学校開発委員会社会科部会や中学校開発委員会社会科部会の協力が得られたことも幸運でした。東京都の教育が、公害教育から環境教育に大きく転換した象徴が、この「環境教育指導資料　小・中学校指導計画編」だったと自負しています。

ところで、この指導資料を作成するにあたって悩んだことは、環境教育を進めるにあたっての基本理念を固めることでした。さいわい、加藤尚武氏の「環境倫理学」に出合い、クリアすることができました（後に、加藤尚武著『環境倫理学のすすめ』〔丸善ライブラリー〕にまとめられている）。

それは三つの哲学「自然の生存権 ①環境は生命態すべてのものです」「地球全体主義 ②環境は地球全体の問題で、地球は限りある閉じた世界です」「世代間継続 ③私たちはできるだけ望ましい環境を次の世代に引き継ぐ責任があります」というものです。指導内容にも思いをいたし、三つの重点「こころ ①自然を愛し環境を守る優しい心を育てます」「りかい ②環境とは何か、環境と人間とのかかわり、人間の責任と役割を理解させます」「じっこう ③自然を愛護し、環境を守るための実行力をつけます」と整理しました。この三つの哲学と三つの重点はすばらしいものだと思っていますが、いまでは東京都の教員でも知っている人は数人だと思います。関係者の一人として温故知新を期待したいものです。

ところで、環境教育を単なる教育課題への対応で終わらせないために、この指導資料（指導計画編）に引き続いて「環境教育指導資料 小・中学校事例編」を作成しました。そこには、実践事例が紹介されていますが、国語科、小中社会科、算数科、小中理科、生活科、体育科、音楽科、図画工作科、道徳、特別活動、特色ある教育活動（リサイクル、総合活動、給食、保健、生徒会）、養護学校での取り組みなどが扱われていて、現在でも参考になると思います。

4 授業時数の確保は難しいことか？
——時数管理で授業の質（学力向上）と量（時数）の確保

平成二〇年に改訂された小学校学習指導要領では、学年間の移動や中学校からの戻りがあり、指導内容が大幅に増加しました。当然のことながら教科書も二五％程度厚くなりました。それにつれて、増えた内容を児童生徒に指導する授業時数（指導時数）も増加しました。

その時、ほとんどの小中学校は「授業時数の確保ができない」という反応を示しました。特に、教育課程を担当する教務主任の多くが「今のままでは授業時数が確保できない」と言い出したものですから、いっそう危機意識を煽りました。しかし、このことは、学校週五日制の完全実施の平成一四年度から既に話題となっていました。土曜日がすべて休業日になると、授業時数の確保が難しいということでした。

授業時数（総時数）の経年変化を見てみましょう。①は平成元年、②は平成一〇年、③は平成二〇年の小学校六学年、中学校三学年を表しています。

小学校　①一〇一五時間　↓　②九四五時間　↓　③　九八〇時間
中学校　①一〇五〇時間　↓　②九八〇時間　↓　③一〇一五時間

これは、学校教育法施行規則別表第一（小学校）、別表第二（中学校）に示されている授業時数です。特別活動は学級活動に充て、学校給食や学校行事、小学校のクラブ活動や中学校の選択教科に充てる時数は、学校の考えで別途プラスすることになります。部活動は教育課程と関連させて実施することになりましたが、当然、時数は別途考慮することになります。

ところで、この程度の授業時数を確保することがそれほど困難なことでしょうか。筆者が根岸小学校校長時代に、教務主任のＨＨ教諭の発想で、授業時数管理を徹底したことがあります。上記②の時代です。

年度当初にかなり精密に授業実施カレンダーを作成し、全教職員に周知徹底します。次に、週案で実施時数を把握し、ずれが生じた場合はなるべく短期間で調整します。安易な授業カットや調整なしの変更は極力しないようにしました。ＨＨ教務主任のきめ細かな全教師への連絡と調整があり、無理なく時数管理ができました。②の時代で、六学年が①の時代の授業時数程度の確保ができました。見事な（珍しい）実践ということで『日本教育新聞』（平成一五年三月二一日付）に紹介されました。夏休み縮減、土曜授業実施という前に、ＨＨ教務主任に学ぶことがありそうです。

5　週五日制と土曜授業の導入の矛盾
──その場しのぎの理屈と対処が招いた混乱

日本経済が上向きに安定し、民間企業で週休二日制が普及しはじめたころのことです。児童生徒を家庭や地域社会に戻し、豊かな体験をさせることが重要だということで、学校週五日制が提言され、段階的に導入されるようになりました。学校週五日制の月一回の試行が始まったのは、平成五年九月からでした。東京都教育庁初等教育指導課では、課長以下二人の主任指導主事、一一人の指導主事で手分けして学校訪問をして、第一回の実施状況を直接把握しました。

翌年度から隔週の土曜日が休業日になり、学校週五日制はとりあえず月二回の実施で、学校の教育課程の準備、家庭や地域および社会教育の受け皿を構築していくことが進められました。休業日になった土曜日を、家族と過ごす、地域の子供会に参加する、スポーツ活動にいそしむ、地域美化活動やボランティアなど社会体験活動に取り組む等々と、さまざまに活用することが、学校と家庭、地域社会や生涯学習課などの協力で進められました。

このように学校週五日制は、児童生徒にとって有意義であり、社会や経済界、学校や保護者などから大きな期待をかけられてスタートしたのです。そして、平成一三年度から学校週五日制が完全実施されました。ところが、日本経済の減速傾向から週休二日制に陰りが出はじめました。また、「少なく教えてじっくり考えさせる（ホワイトヘッド）」考え方に基づいて改訂された学習指導要領による指導内容と授業時数の削減は、「学力低下を招く」との論争に火をつけるかたちになりました。学校週五日制が完全実施されると同時に、指導内容と授業時数の増加に向かって動き出したのです。二学期制の導入、休業土曜日の授業の導入、夏季休業の短縮、開校記念日や都（県）民の日の普通授業など涙ぐましい工夫が展開されるようになりました。教育委員会によっては、土曜授業の実施回数を学校に指示したり、その条件や内容を提示したりして積極的に進めているところもあります。筆者は校長時代からこのような動きには批判的で顰蹙《ひんしゅく》を買っておりましたが、その理由は以下のとおりです。

第一に、二学期制は学期の途中に夏季休業が入るため、児童の学習の継続性と学習評価（通知表）などの点から無理があります。夏季休業を学期の教育活動の中に位置付けられるという理由には検討不足でその場しのぎの感想をもちました（九月新学期になるのなら別です）。第二に、授業時数の確保ということでさまざまな取り組みを実施していますが、時数管理（前項参照）を徹底すれば、かなりの部分は解消されるはずです。第三に、学校週五日制の枠組みを穴だらけにするような対処をするくらいであれば、ここらあたりで週六日制に戻すなど根本からの軌道修正が必要だと思います。

6　総合的な学習の時間が本当にねらったこと
――総合的な学習の時間の目標は、質の高い学力の中身そのもの

総合的な学習の時間の目標は、次のように示されています。

〈平成一〇年告示の学習指導要領――第一章総則の中に位置付けられていた〉

総合的な学習の時間においては、次のようなねらいをもって指導を行うものとする。
（筆者注：具体的な目標と内容は各学校が定めることになっています）

(1)　自ら課題を見つけ、自ら学び、自ら考え、主体的に判断し、よりよく問題を解決する資質や能力を育てること。

(2)　学び方やものの考え方を身に付け、問題の解決や探究活動に主体的、創造的に取り組む態度を育て、自己の生き方を考えることができるようにすること。

(3)　各教科、道徳および特別活動で身に付けた知識や技能等を相互に関連付け、学習や生活において生かし、それらが総合的に働くようにすること。

〈平成二〇年告示の学習指導要領――第五章に独立〉

以下のように目標が示されました。前回のものに「横断的・総合的な学習や探究的な学習を通して」「協同的に」を加えて改善されていますが、理念は一貫しているととらえることができます。

また、「第二　各学校において定める目標および内容」において、前回同様に、各学校において目標および内容を定めることになっています。

> 第一　目標
> 　横断的・総合的な学習や探究的な学習を通して、自ら課題を見つけ、自ら学び、自ら考え、主体的に判断し、よりよく問題を解決する資質や能力を育成するとともに、学び方やものの考え方を身に付け、問題の解決や探究活動に主体的、創造的、協同的に取り組む態度を育て、自己の生き方を考えることができるようにする。

ところで、こうした総合的な学習の時間の目標は、ＯＥＣＤ（経済協力開発機構）のＰＩＳＡ（生徒の学習到達度調査）の読解力の定義「自らの目標を達成し、自らの知識と可能性を発達させ、効果的に社会に参加するために、書かれたテキストを理解し、利用し、熟考し、これに取り組む能力」に重なる部分が多いと筆者は感じています。

ということは、総合的な学習の時間は、わずか二時間程度とはいえ単なる自由研究のようなものではなく、各教科・領域の学習を統合または関連的に扱うことによって、児童生徒に質の高い資質・能力を育てることになると認識して取り組む必要があると思います。

筆者は根岸小学校校長時代、歴代の研究主任ＳＮ教諭、ＴＹ教諭、ＡＳ教諭を核として、総合的な学習の時間の開発に取り組んできました。その際、最終的に行き着いたのが、以下に示す関連的な展開でした。

単元構成図　ごみ問題
できることからやってみよう

総合的な学習（25時間）

課題と出合う

【オリエンテーション】①
○ごみについてのウェビング

社会科「ごみはどこへ行くの」⑰
○家庭のごみを調べる。
○学校のごみを調べる。

課題を見つけよう ①
○身近なごみを通して，さらに調べたいことを考える。

道徳
「日曜日のバーベキュー」①

○下谷清掃工場の人から話を聞いて学ぶ。
○ごみが処理されていく工夫を調べる。
○清掃工場を見学する。

国語科
「昔のことを調べよう」⑬

課題を設定する

課題を練り直そう ①
○まだ解決していないことをもとに新しく調べたいことを考える。

○ごみのゆくえについてまとめる。

課題を決めよう ⑮
○課題を整理する。
○自分で取り組んでみたいことを決める。
○グループで話し合う。
○計画を立て，活動を始める。

道徳
「おもちゃもリサイクル」①

追究する

まとめる

	知りたいこと	自分たちに，できることやってみたいこと	ごみからの広がり
環境	・埋め立て地 ・ポイ捨て ・リサイクル法 ・地域調べ（区，都道府県，国） ・マーク調べ	・ごみの分別 ・リサイクル ・ごみを減らすには ・リサイクル実験，工作 ・美化運動 ・ポスターで呼びかける	・その他の環境問題 ・スーパーなどの取り組み ・ごみとカラス ・空気調べ
健康			
国際			

国語科
楽しいスピーチをしよう⑫

広める

調べたことを伝えよう ④
○調べてわかったことを発表する。

ごみサミットを開こう ③
○ごみ問題について話し合う。

自分の生活に生かし実行できる

総合的な学習の時間の単元と、各教科等の単元の学習を合科的に展開したり、前後して関連的に扱ったり、各教科の学習事項を既習事項（既に学習した知識・技能、考え方など）として活用したりして、効果的に学習が行われるようにしました。平成一一年当時に発想し、試行したことですが、いまでもこの考え方は十分に通用すると思っています。

新しい教育課題に出合ったとき、校長は本質を見抜き、児童にどのような力（たとえばグローバル化に対応できるコミュニケーション能力、情報活用能力、自己認識・自己成長力、チームワーク力）を育てるか明確にし、ミドルリーダーを中心に情報収集、検討、新しい発想・試行、改善を具体的に積み上げることが大切だと思いました。単元開発では、次の三つに区別化して進めました。学校規模や教員の力量に合わせた選択・組み合わせで柔軟に対応できると思います。

〈学級総合：心をひらく〉子どもの興味・関心に基づいて、学級担任の裁量で総合的な学習の目標、内容、学習活動を設定し、ねらいに迫る。

〈学年総合：知をひらく〉環境教育、ボランティア活動、情報教育、人権教育、食育、国際教育など現代的課題を中心として、学年で目標や内容、学習活動を設定し、学年合同で行う。

〈学校総合：行動をひらく〉学校全体で、異年齢集団を編成し、合同学年会で目標や内容、学習活動を設定し、縦割り班や異学年合同などで追究させる。

（参考：東京都台東区立根岸小学校「２００３根岸教育プラン」）

7　各教科を関連させた単元指導計画の開発
――各教科の目標や内容のつながりに着目した関連的展開

各教科・領域等の学習は、それぞれが独立して目標や指導内容が示され、指導に必要な授業時数が配当されて進められています。したがって、国語科と算数科、外国語活動と特別活動が全く別のものとして指導計画が立てられ、授業が展開されても、それぞれが充実していれば問題はないといわれればそのとおりです。

でも、道徳教育を見てみましょう。道徳教育は、各教科・領域等の中でも行い、それを補充・深化・統合するのが道徳の時間の役割になっています。この発想を、そのまま当てはめるわけにはいきませんが、各教科・領域等の授業展開に際して、算数科と他教科等を関連させて単元の指導計画を立て、合科的・関連的な展開があってもよいと考えました。

特別な教材は用意しなくても、算数の学習を進めていく際に、関連する社会科の内容、理科の内容などとなるべく近いところで扱えば、児童の側にとっては意味のある学習になると考えたのです。

4. 単元の指導計画（19時間）学習の流れ

朝の15分学習の活用
・基礎・基本のための学習を行う。

他教科との関連

国語科
・話の組み立てを考えて話す。

総合的な学習
・自分で課題を選び，追究する。

理科
・差異や共通点をとらえ問題を解決する。
・規則性を見つける。

①小数×整数（3時間）
・2.4×3のような，小数×整数の乗法の計算のしかたを，数直線などを用いて考え，まとめる。
・小数×整数の筆算のしかたを考え，まとめる。
・1.5×6のような積の末位が0になる場合の処理のしかたや2.7×32のような乗数が2けたの乗法の計算のしかたを考える。

→ 習熟度別学習（1／4時間）かけ算

②小数÷整数（7時間）
・7.8÷の6のような，小数÷整数の除法の計算のしかたを，数直線などを用いて考え，まとめる。
・小数÷整数の筆算のしかたを考え，まとめる。
・6.3÷7のような，商が1より小さくなる除法の計算のしかたを考える。
・13.8÷23のような，小数÷整数で除数が2位数の除法のしかたを考える。
・3.2÷5，13÷4のような，わり進む除法の計算のしかたを考える。
・16÷6のような計算で，商を概数で求める除法の計算のしかたを考える。
・17.5cmのテープを3cmずつ切る場面で商を一の位まで求め，あまりを出す除法の計算のしかたを考える。
・70cmが28cmの何倍かを求めることをとおして，倍は2.5倍のように小数を用いて表すことができることを知る。

→ 習熟度別学習（2／4時間）わり算

③計算のきまりと関係（3時間）
・おかしの代金を求める場面で，(80+30)×5と80×5+30×5を比べ，分配法則を知る。
・既習の計算法則（交換，結合）をまとめる。
・□+5＝13，□－5－5＝8の□にあてはまる数の求め方を考え，加法と減法の関係を見つける。
・□×3＝21，□÷3＝7の□にあてはまる数の求め方を考え，乗法と除法の関係を見つける。

→ ④習熟度別学習（3，4／4時間）

自己評価・自己診断・自己選択

簡単な問題で単元の基本的な内容について自己評価テストをして，自己評価・自己診断をして，自分で学習コースを決める。

T1	⇄	T2	⇄	T3
再学習をして基礎を理解する。		計算の練習をし習熟する。		適応問題をして活用力をつける。

⑤発展的な学習（2時間）

ex. 2.5×37→2.53×37→2.536×37

7.5÷25→7.75÷25→7.725÷25

このことを校長がいくら力説しても、教員は余分なことを押しつけられたと感じて敬遠し、うまく進まないものです。小さな典型的な単元で、ミドルリーダーと協力して関連的な展開の仕方を試作して見せ、基本的なことを理解させていきました。「やって見せ」が重要だと思いました。それから、校内研究で、第五学年に働きかけて、小数のかけ算とわり算の単元を例にして、前ページのように単元の指導計画を立て、各教科等の関連で展開できないか開発してもらいました。総合的な学習の時間の単元開発（前項を参照）を経験していた教員だったので、わりとスムーズに研究が進みました。

その際、大切なことは、次のような手順で無理なく進めることです。はじめはとても難しく感じるようですが、一度体験するとよく理解でき、指導計画の作成が比較的簡単にできるようになるようです。最近は、若手教師が増えてきました。このように単元の指導計画を学年や教科部会で協同して作成することを通して、ＯＪＴ研修風に、先輩の教材の見方や指導法を伝えていくことも必要に思います。

○算数科としての指導計画を立てる。
○関連する教科や領域、特色ある活動を見つける。
○算数科と関連する教科等を結びつけて展開を検討する。
○この単元の指導体制（１Ｃ１Ｔ、ＴＴ、少人数指導、習熟度別指導、その他）を選択する。

○最後に、各教科等および指導体制を総合的に組み合わせて単元の指導計画を作成する。

ここでは、朝の一五分学習の基本的内容の活用で、既習事項の定着をさせました。国語科では、話の組み立てを考えて話すことを、算数科の学び合い（知的コミュニケーション）に関連させました。理科では、実験や観察で相違点や共通点に着目して問題を解決することやいくつかの事例から規則性を見つける考え方を、小数の計算の仕方を帰納することにつなげるようにしました。また、算数科の授業展開を、従来の1C1T（一つの学級を一人の教師が指導すること）と、理解度や習熟の程度でいくつかにコース分けして個に応じた指導を徹底する習熟度別指導を組み合わせるようにも工夫しました。

単元全体を習熟度別にしたり、年間を通して習熟度別を固定したりするなど、「個人差の大きい算数科は習熟度別指導がよい」という固定観念にとらわれる例も多いようですが、指導内容や学習活動に応じて指導体制を柔軟に採用していくことが効果的だと思います。

小学校は各学級担任が基本的に全教科を担当していますから、このような発想で単元の指導計画を立てて児童にわかりやすく指導することが可能になります。中学校のように教科担任制の場合にも、その教科の内容や学習の仕方が、他の教科等とどのように関連するのか、どのように活用されるのか、折に触れて扱うことができれば、学習したことを生活や学習に生かせるようになると思います。

（参考：東京都台東区立根岸小学校「2005根岸教育プラン」）

3章　授業・教育活動編

1　学級担任の危機管理がすべてのもと
――人間関係、学習指導、生徒指導の根幹は学級経営

学校の危機管理能力は、校長の資質・能力の重要な部分です。その内容としては、「①生命・安全の危機管理　②情報の危機管理　③人権の危機管理　④教育課程の危機管理　⑤保護者対応の危機管理　⑥教職員の服務の危機管理」があると思います。校長だけが危機管理に躍起になっても限界があります。学校の危機管理を適切に行うためには、教職員、特に学級担任（教科担任、養護教諭など児童生徒を直接指導する教員を含む。以下学級担任と称す）が、児童生徒の学校生活や学習活動の場面で、実際の危機管理を行っていることが重要です。校長自身が上記①～⑥に

取り組むとともに、学級担任に危機管理の意味と具体的な内容や対応の仕方を十分に理解させ、実行させることが、学校の適切な危機管理につながります。

学級担任の三つの役割

○学級の運営と危機管理……学級をまとめ、好ましい人間関係をつくり、思いやりや助け合いの心をもって学校生活や学習が楽しく送れるようにします。特に、生命や身体の安全、いじめやトラブル等の危機管理、保護者との理解と協力関係などの危機管理も求められます。

○学習指導・生徒指導……充実した授業を展開し、基礎・基本の定着とそれらを活用して課題を解決できるよう思考力・判断力・表現力等を育て、学習意欲を高めるようにします。また、基本的な生活習慣を定着させ、ルールやマナー、エチケットを身につけ、「してはいけないことはしない・するべきことは必ずする・したほうがよいこともする」を重視して指導するようにします。

○学級の事務処理……学級便りや緊急連絡網、通知表や指導要録などの処理、学級予算や決算、教材の選定、校外学習の計画や交渉、校務分掌の処理などたくさんあります。見通しをもって計画的に進めないと多忙感に苦しむことになります。

（参考：拙著『毎月の仕事が一目で分かる・小学校学級担任の実務カレンダー』学事出版、教育情報シリーズ八九号「学級担任の危機管理」教育出版教育研究所）

学級担任の危機管理

学級担任の危機管理については、学校として定めている危機管理の基本に即して、学級の児童生徒の安全等を確保するための行動をとることが重要で、学級担任の独断や手抜きは許されないことを徹底します。

○生命と身体の安全の危機管理……身体の安全を確保し、元気に帰宅させることがすべてに優先します。そこで、「地震・津波、火事などの被害を防ぐ」「けがや急病、事故などの対応」「授業中、水泳指導などの事故防止・対応」「侵入者などからの防護」「登下校中の交通事故や不審者への対応」「休み時間や清掃・給食時の事故防止・対応」「飲酒・喫煙や脱法ドラッグなど薬物乱用への指導と対応」などについての危機管理が大切です。

○人権の危機管理……児童生徒を公平・平等に扱い、差別的な言動は一切行わず、児童生徒にも十分指導することが重要です。特に、「授業の中の人権教育」「言語環境の整備」「望ましい人間関係づくりといじめ指導」「思いやりと親切・協力の指導」「基礎学力の保障」を視点にした指導が大切です。教師の鋭い人権感覚とモデルとしての言動が求められます。

○いじめ・トラブルの危機管理……いじめは、相手の心を傷つける人権侵害であり、犯罪であることを教師が認識し、児童生徒への指導を徹底し、迅速・丁寧に対応します。常に、危機意識をもって観察し、被害者を守ることを基本に最後までかかわります。その際、担任一人で抱え込まず、学校として組織的に対応することが重要です。トラブルについても、けんかをしないよう指導するとともに、児童生徒の言い分を十分に聴きつくし適切に対応し、仲直りができるようにする指導も大切です。対応に際しては保護者の理解と協力が必要です。

○個人情報の危機管理……個人情報の収集と活用の限定を基本として、個人情報の紛失・流失、改竄《かいざん》、消滅などに留意することを徹底するようにします。特に、「個人情報取り扱い規程を作成し遵守する」「個人情報の校外持ち出し禁止」「パソコンの管理徹底」「外部からの問い合わせに細心注意」「緊急連絡網の作成と伝達の改善」「児童生徒にネットの利用の指導を徹底」が大切な視点となります。

○学力の危機管理……学力低下、質の高い学力の向上も危機管理の一つとして「教育課程の危機管理」に位置付ける必要があります。週案の活用、学級崩壊・授業崩壊の予防、児童生徒へのきめ細かい指導などによって、学力・学習意欲の向上を目指すことは、学校の役割です。

○保護者対応の危機管理……保護者のクレームに悩む学校（校長・教頭、教員）は少なくありません。教職員は常に襟を正した姿勢と行動が求められます。その上で、「丁寧な指導をすれば児童生徒は伸び、保護者は安心する」「ふだんから情報を保護者に知らせ理解を深める」「小さな疑問や注文、トラブルに誠実に対応する」などを励行するよう学級担任に対して徹底的に指導し、実行させることが肝要です。

2　いじめはどこにでもある
――いじめの指導と対応のポイント

いじめが発生すると、担任の指導力不足が、校長は経営能力とリーダーシップの不適切さが指摘・糾弾されます。いじめが全く起こらないようにしようと、校長も教員も児童生徒を指導しています。当然のことです。それだけに、学校や学級にいじめが起こると、多くの校長や教員はうろたえます。いじめの解決に取り組むとともに、心の中で「いじめが発生してしまったこと」に後悔と責任を感じます。筆者にもそのような体験があります。

一般的にいじめの指導と対応では、「(1)いじめが起こらないような指導を児童生徒に継続的にする、(2)それでもいじめは起こるので、それに対しては迅速に、適切に、最後まで誠実に対応する、(3)いじめ対応から多くの教訓を得て、児童生徒の指導や対応の仕方に生かす」ことを基本とします。

これに対して、最近、新しい見方が浮かび上がっています。「いじめが起きたことの責任を必要以上に追及せず、そのいじめを克服するためにどのように対応しているかに精力をそそぐべきである」という考え方や、「いじめを見つけ、誠実に対応していることに、むしろ一定の評価を与えるべきである」というものです。

つまり、いじめ調査でいじめの兆しやいじめが多く見つかることよりも、見つけたいじめに対してどのように対応するか、児童生徒への指導をどう見直すかに目を向け、その対応ぶりを評価すべきだというのです。そうなれば、自分の学級にいじめがあった、自校のいじめが予想以上に多かったこと自体に過敏に反応し、統計上の数値がなるべく低くなるようにしたり、いじめと断定できないからと対応にぬかりの生じたりすることは少なくなると考えられます。

上記(1)~(3)を基本としつつ、大人社会の理不尽な事柄を目にしつつ多感で複雑な児童生徒の人間関係の中で「いじめゼロ」を目指して、起こりがち、起こりうることを前提とした校長・教員の取り組みも重要です。

そこで筆者の体験から、(1)~(3)を、下記のようにきめ細かく改善して、指導・対応を進めることが効果につながると思います。

①毎月（必要に応じて随時）、いじめは相手の心を傷つける犯罪であり、「してはならない、させない、見たら大人に知らせる」ことを繰り返し指導する。②いじめの予兆・可能性や事実を知ったら、ただちに事実関係を調べ、「被害者を徹底的に守る」立場で指導と対応を開始し、校長や関係学年・学級に報告し、学校の問題として取り組む。③被害者のケアに努め、同時進行で加害者の指導を迅速に、粘り強く進める。④双方の保護者に連絡し、必要に応じて学級の保護者に

情報を提供し、理解と協力が得られるようにする。⑤必要に応じ、校長の指導を得て教育相談所、児童相談所、警察署などの協力や専門的指導を受ける。⑥教育委員会の方針に基づいて、報告、連絡、相談を行い、必要な指導・助言を得て進める。⑦一応の解決ができたと判断できた段階で、全教職員に情報を提供し、児童生徒の指導を行い、対応の教訓とする。⑧必要に応じて双方の保護者や学級の保護者等に情報を提供し、今後の家庭教育の協力が得られるようにする。⑨いじめが学校外など目につきにくいところで継続し、陰湿化している場合があるので、引き続き状況を観察する。⑩まだいじめが続いている場合には、校長に報告し、学校の問題として、①〜⑨で再度、指導・対応する。

また、最近の傾向としては、携帯電話による精神的な締めつけや脅迫、インターネットの掲示板への個人情報や誹謗・中傷などの書き込みなどによるいじめが深刻化しています。児童生徒への指導、保護者との理解と協力、関係機関との連携が必要になっています。ネットいじめは、「匿名性から安易に行われ、掲載された情報は加工され悪用されやすく、教師や保護者の目につきにくく、短期間に深刻化する」可能性が大きいです。また、チェーンメールやなりすましメールに関する指導も必要です。

いじめの指導や対応では、自殺や不登校、精神的な障害など深刻な事態を招くことにならないよう、徹底した危機管理が必要です。

いじめの指導と対応には、いじめの構造を理解しておくことが重要です。体験的に整理したものを、教員への指導の参考として紹介します。

いじめの構造

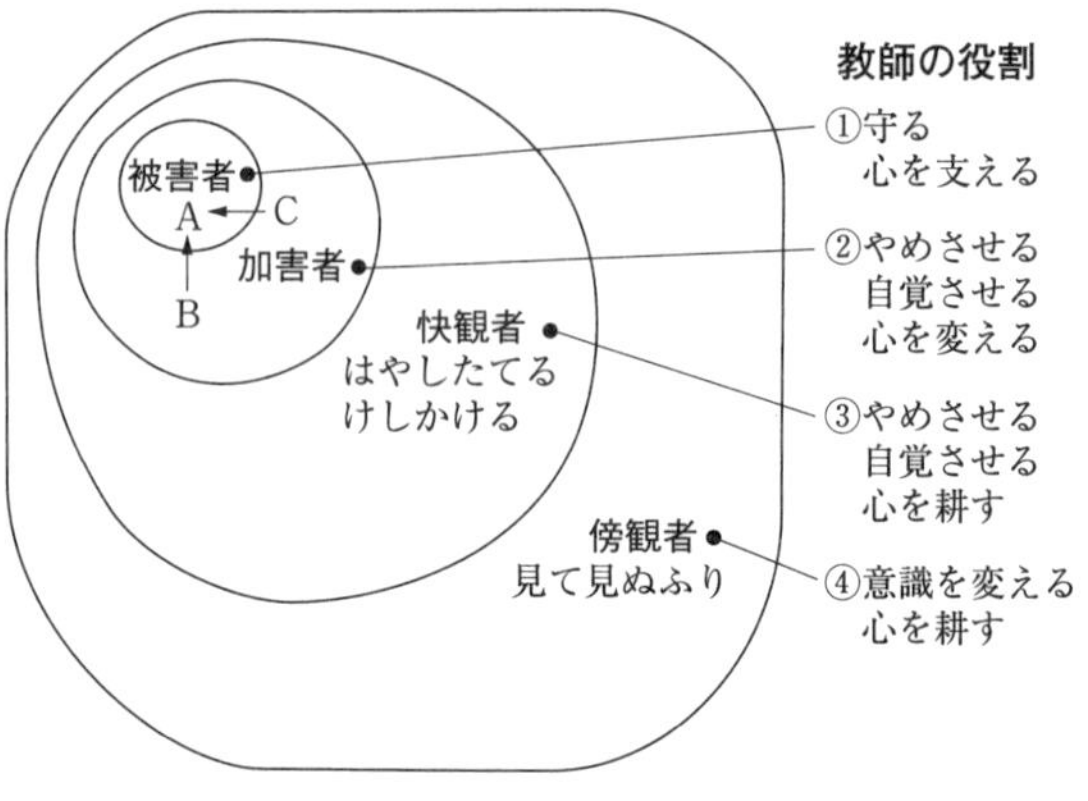

1　いじめている子（複数の場合が多い）、はやしたてる子、見ている子がいる。どの子も指導の対象である。

2　正義が言え、正義が行え、いじめをとめる子がいる集団の自浄力を育てる。いじめられる子は、いじめる子が怖い。いじめる子は、いじめが悪いとはっきり言う子が怖い。

3　私だけじゃない。だってあの子は笑っているよ。あの子はいつも「～だからだよ」と言い訳をする。この壁を破らないといじめ問題は解決しない。

（参考：拙著『学校をひらく』p43「いじめと学級風土」、p44「いじめの構造」、pp73～104「人間をひらく」、教育出版）

3　教員の宝物になった週案へのコメント
――週案の点検と評価は、校長と教員の交換日記

週案（週の指導計画案）は、次週の各教科等の学習指導、学校行事、生徒指導などに関する計画を立て、それを児童生徒の実態や実際の状況に応じて調整しながら実施し、指導の記録や反省等をし、次の週の計画や改善・工夫に生かしていくというもので、学級担任（教科担任）など教員のPDCAサイクルそのものです。

筆者の体験を思い起こしてみます。新卒で赴任した荒川区立第一峡田《はけた》小学校では、当時、なぜか学年主任のGM先生が目を通して、必要なことを指導し、コメントも入れてくれました。そのあとで、校長のKN先生に提出し検印をいただくことになっていました。GM先生は、きめ細やかな人で、新米教師からは見つけにくい小さなよいところを探してほめてくれました。これは、めげそうになる気持ちにやる気を起こしてくれ励みになりました。

後任の校長時代になると、校長に直接週案を提出することになりました。中間的に指導されることもなく、校長の検印だけとなりました。生来の怠け者の筆者は、時間割に即した予定（指導項目と学習の目標）と指導時間の累計など最小限の記入にとどめ、指導の記録や反省も省略する

ようになりました。

自分が校長になったとき、この体験を思い出し、一週間の①学校・学年・学級行事や校務分掌・学級事務処理の予定、②時間割に即した各教科等の指導計画、③各教科等別予定授業時数を、週末に①～③の変更や実施記録を記入させました。別欄に指導の記録と週末の反省（よかったこと・課題など反省点と改善策）も記入させました。

そして、月曜日の朝に提出させ、午前中に見て、コメントを入れて返却しました。若手・ベテランを問わずすべての教員のよいところを二つ見つけて大きくほめ、一つだけ課題を見つけ注文をつけました。新卒時代に学年主任からほめられてやる気が出た体験、いけないことはいけないときちんと指導してもらったありがたさを、世代を超えて伝えることに努めました。

校長と教員の交換日記のように半年も続けると、特別な指導はしていないのに、じつによく児童を見つめ、具体的な指導計画と工夫した指導、自分自身に厳しい振り返りと自信をもって提案する教師に変わりました。あのころの学年主任と校長に遅ればせながら感謝・合掌しました。

そして、なによりもうれしかったのは、筆者が他の職場に異動した離任式の時のことでした。別れのあいさつをして退場する際、児童が列を崩して殺到して握手を求めてきたこと、若手のSM教諭から「先生、ご指導ありがとうございました。コメントの入った週案は私の宝物です」と言われたことです。報われた思いがしました。

4　授業の観察と指導・助言のポイント
――肯定的評価（ほめる）と否定的評価（注文をつける）の調和

人事考課の評価資料を得る目的で授業観察をします。しかし、校長が、教員の実践的指導力を高める指導助言をして、その結果としての授業力を評価するのが本来の姿であることはいうまでもありません。

極論が許されるとするならば、教員の授業を観察し、指導・助言をしていない校長には、授業評価を人事考課に活用することは好ましくないということになります。育てるということを抜きにして、放任状態を評価することはいかがなものでしょうか。

ぶらりと教室に行って、授業ぶりを眺めて、後であれこれ言ってもあまり効果のないことは容易に推測できます。そこで筆者は、授業観察の前に、授業観察の予定を知らせ、授業観察の視点を印刷物（チェックリスト）にして全教員に渡しておきました。これらを一気に観察することは困難ですから、今回、重視して観察するのは、例えば★印と指定して双方にとって取り組みやすくしました。

○本時の目標と指導内容、課題（問題）は適切であるか。

★児童の考える活動、表現する活動、学び合う活動が十分に行われているか。
○自力解決段階の児童の学習状況や反応に対する支援の手立てが準備されているか。
★授業の中で、学習評価が活用され、支援の手立てが講じられているか。
○既習事項を活用して考えることや、学習したことが役立つことを意識させているか。
○教材・教具の準備と活用、ＩＣＴの活用に工夫があるか。
○板書や発問の計画があり、工夫されているか。
○学習のまとめと振り返りがきちんとできているか。

授業観察の際には、可能な教員にはＡ４一枚の略案を用意させました。校長としては、授業展開と同時進行で★印の視点から観察し、メモを取りながら、「①よいところや進歩したこと　②課題と改善策　③やめたほうがよいこと　④新しく取り入れてほしいこと　⑤今後学習してほしいこと　⑥その他」をキーワードで記録します。

そして、①を中心に肯定的評価を伝え、認めてほめるようにしました。その上で、もっとよくなるためにという意味合いで②や③について注文を出しました。その際は、具体的に、対策や代案をできるだけ示すようにしました。若手教師には、余裕があるときに④や⑤にも触れました。大きくほめて、少し注文をつける指導法は、筆者の感触では効果があったように思います。

5　何回も悩まされた学級崩壊
――「優しい扱い」と「子どもの主体性尊重」の適切な指導

学級の運営や児童生徒の指導に学級担任の指導が入りにくくなっている状況、あるいは学級担任の声に耳を傾けなくなり指導の手が全く入らなくなった状況を学級崩壊と称しています。

ある調査によると、学級崩壊には次のような状況が見られます（参考：「学級崩壊・授業崩壊の予防と対策」一般財団法人教育調査研究所）。

○担任の指示が通らず、学級のまとまりがなく、規律が乱れ、集団行動がとれない。
○けんか・トラブル、暴言・暴力、突然キレる、いじめ、物隠し、器物損壊などが多発する。
○暴力が横行し、おとなしい子どもが小さくなっている。
○人間関係が崩れ、落ち着かず、顔色のさえない子どもが増え、安心・安定感が薄れる。
○提出物や宿題の忘れが目立ち、授業が混乱し、抜け出す子どもも出てくる。
○整列しない、集合しない、掃除をしない、学校を抜け出すなどが頻繁に起こる。
○担任に反発し、指導の手が入らない。

学級崩壊の状況と原因

これらに有効な手立てが打てないと、やがて次のような状況へ移行し、ますます学級は混乱し、おとなしい子どもが被害を受ける状況が深刻化していきます。

○保護者からの苦情が頻繁にあり、担任が精神的に疲弊する。

○担任が回復の手立てに窮し、克服をあきらめ、いっそう混乱する。

○学校として組織的な取り組みや支援が不十分で、学級として全く成り立っていない。

では、学級崩壊の原因としてどのようなことが考えられるでしょうか。先の調査の結果と筆者の体験を基に、学級崩壊の原因を探って整理してみました。

・学校運営に起因すると思われる学級崩壊……生活指導や学校のきまりについての指導が学級や学年でばらばら、平素から協働体制がとれていない、担任個人の責任にして学校の組織的な支援体制がとれていない、などです。

・学級担任に起因すると思われる学級崩壊……担任の集団をまとめる力や生活指導やルールの指導力が不足している、若手教師で未熟である、担任と児童との信頼関係が築けていない、特定の児童生徒の指導がうまくいかず学級全体が乱れた、児童理解が不十分で不満や反発を招いた、児童に対する優しさと主体性尊重を履き違え放任した、保護者の苦情に対処できず萎縮した、悩みを誰にも相談せずいっそう深刻になった、などです。

・児童生徒に起因すると思われる学級崩壊……課題のある児童生徒の指導がうまくいかず学級

全体に広がった、担任や友達の気をひこうとする行動が引き金になった、家庭で放任されている児童生徒が人間関係を壊した、などです。

・保護者に起因すると思われる学級崩壊……学校に協力的な保護者の多い一方で、保護者の教育力や保護能力に課題がある、保護者の無関心・無理解・自己中心主義が児童生徒に影響している、保護者の一方的な学校・担任批判や連日の苦情電話で担任は疲弊し意欲を失った、などが見られます。

・その他に起因すると思われる学級崩壊……社会の規範意識の希薄化や他罰化傾向が未必のモデルになっている、学校・教師に対する信頼感の低下、一方的な主張、などがあると思われます。

学級崩壊の予防策

学級崩壊は、従来からありました。起きるのは当たり前、だから起きてから対応するという消極的なものであってはならないと思います。校長・教頭やミドルリーダーのリーダーシップや積極的な指導によって、次のようなことに取り組むことが肝要だと思います。

○学級経営案の作成段階で、実態の把握と課題と改善策について指導する。

○学級担任を孤立化させないよう学年の教師や先輩教師、校長・教頭が課題や悩み相談に応ずる。

○担任を組織的に支援できる校内体制や人的措置を可能なかぎりする。
○課題のある児童生徒の実態や指導について、定期的に情報交換する体制をつくる。
○学級のまとめ方、人間関係づくり、生活指導、特別に支援・配慮が必要な児童生徒の対応の仕方などについて、研修（研修会、先輩が後輩に技を伝授する機会）する。
○児童生徒の考えや意見などに耳を傾け、教育相談的に対応できる力をつける。児童に対する優しさや主体性尊重が甘えにならず、指導すべきはきちんと指導できるようにする。

学級崩壊が起きたときの対応

次のどれに当てはまるか、校長として判断して必要な対処をしました。
○指導によって回復する段階→校長・教頭、ベテラン教員が問題点について指導する。状況をみて、学級経営について基本的なことを必要に応じて指導する。
○一部支援をすれば回復する段階→教頭や空き時間の教師がＴＴ体制で一部かかわり、学級の規律や人間関係を回復する。
○軽減し、補助をつければなんとかなる段階→校務分掌を軽減し、一部授業を他の教師に肩代わりさせ、学級に規律を回復し、授業の立て直しをする。並行して研修をさせる。
○担任を交代し、別途研修させる段階→担任を一時的に交代させ、児童生徒の人間関係や規律等について再指導し、根本からやり直す。教育委員会に報告・連絡・相談する。

6　授業崩壊の克服

――「教え込む授業」と「あいまいな授業」で知的好奇心の低下

小学校では、学級担任の力量不足が学級崩壊を招き、これが授業崩壊（教師のコントロールが利かなくなり、徘徊、私語、授業妨害、学習放棄などによって正常な授業が展開できなくなる状況）につながる例が多いです。学級担任の授業は成立しているのに、音楽、図画工作、家庭科などの専科教員の授業などが成立しないこともあります。校長としては、全体的に観察する機会をもたないと、思わぬ事態に驚くことになります。

一方、中学校では、学級崩壊ももちろんありますが、教科担任制なので、専門教科の指導力のない特定の教員の授業が成立しないというタイプの授業崩壊が大部分です。したがって、中学校でも各教員の授業ぶりを観察し状況を把握する必要があります。

授業崩壊の原因

授業崩壊の原因としては次のようなことがありますが、調査や筆者の体験から、主要なものは教師の授業力不足にあると思います。

○学校としての授業改善の取り組みが不十分で、学習形態や指導体制が整備されていない。

○週案、教材研究、教材の準備、発問や板書、テストの採点、ノートの点検などが不十分である。
○教師の授業力（授業展開、きめ細かい指導、指導と評価と支援の一体化）が不十分である。
○子どもをまとめること、授業規律、学び合わせる指導技術が不足している。
○一方的な教え込みの授業で、子どもの学習意欲や興味・関心を無視している。
○校長や先輩教師の指導助言に耳を貸さず、向上心に乏しい。

授業崩壊の予防としての対応

授業崩壊が起きないように、担任教師や教科担当教師への研修、授業観察を通しての校長・教頭やベテラン教師の指導助言、時によっては示範授業を参観させるなど、若手教師や課題のある教師に対する手厚く、そしてぬくもりのある対応が必要だと思います。

また、教育委員会主催の研修会に参加させ、その復命（管理職に報告）をさせるにとどまらず、教師個人の理解を整理する意味で全教員に研修内容を報告させると効果的です。

校長・教頭は、若手教師や課題のある教師の授業力を向上させるために、具体的な観察結果に基づき「よいところや進歩したところ」を見つけ、ほめて自尊心をくすぐり意欲づけ、「もっと授業がうまくなるための注文」をつけて徐々に自ら研鑽にチャレンジするようにしていくようにします。さらに、疑問や悩み事、わからないことの相談に応じる雰囲気づくりも大切だと思います。

起きた授業崩壊への対応

原則的には、筆者の場合は、学級崩壊と同様の対応を考え、実行しました。

○指導によって回復する段階→校長・教頭、ベテラン教員が課題を指摘し、指導する。状況をみて、授業の計画と展開、学習評価など基本的なことを必要に応じて指導する。

○一部支援をすれば回復する段階→教頭や空き時間の教師が、TT体制で一部かかわり、授業規律や学習活動の進め方などについて回復を図る。

○軽減し、補助をつければなんとかなる段階→校務や授業の一部を軽減し、他の教師に肩代わりさせ、授業の立て直しをする。並行して研修をさせる。

○担任を交代し、別途研修させる段階→担任を一時的に交代させ、授業規律や学び方について児童生徒に再指導するとともに、遅れを取り戻す。教育委員会に報告・連絡・相談する。

授業崩壊の対応について筆者は、その要因を探るとともに、授業の回復に向けて「学級担任（教科担任）のすること」「学年・学校のすること」「校長・教頭のすること」に分けて対応し、うまくいった体験をもっています。

〈原因の特定〉遊びと学習のけじめがつかなくなっている。つまらない授業で、わからない児童、学習意欲のない児童がいる。いけないことはいけないと毅然とした指導ができていない。

〈担任のすること――問題点を明確にして改善する〉授業そのものを点検して具体的に改善す

る。授業規律についてきちんと再指導する。管理職やベテラン教師に相談して指導を受ける。特に、教え込みの授業は子どもを飽きさせ、私語を誘発している。あいまいな授業は、知識や技能、考え方がはっきりせず定着しない。あいまい・長い・繰り返しのある話し方は、子どもにそっぽを向かれる。体験的な活動、問題解決的な学習、発問や板書、学び合い、学習のまとめを工夫させるようにする。

〈学年・学校のすること――協同体制で学級担任を支える〉担任は努力しているものの結果が出ない毎日に疲労困憊している。学年が可能なことで支援する。学校としてＴＴや補教など支援体制をとる。担任を孤立させないことが重要である。

〈校長・教頭のすること――全体を統括して総合的に対応する〉管理職としては、授業崩壊がどの段階にあるか見極め、必要な対応を迅速にとる。授業崩壊回復のシナリオをつくり、学校を挙げて回復に取り組むようにする。当然、保護者から苦情の電話が学校や教育委員会にかかってくることが予想される。教育委員会への報告・連絡・相談を励行するとともに、具体的に授業崩壊を克服して児童が充実した学習活動を行っているという事実で納得してもらえるように努力する。

（参考：拙著『授業崩壊――克服への学校経営的アプローチ』教育出版、「学級崩壊・授業崩壊の予防と対策」一般財団法人教育調査研究所）

7　各教科における道徳教育のモデルは五十年前にあった

――道徳教育の三つの原理　①各教科等の目標達成　②学び合い　③教師はモデル

道徳教育は、学校の教育活動全体を通じて指導することになっています。でも、これは建前で、実際には、週一時間の道徳の時間で扱っているから十分、と誤解している教員が少なくありません。なかには、生活指導と学級指導で十分だと思い込んでいる教員もいます。もう一度、「学校における道徳教育は、道徳の時間を要として学校の教育活動全体を通じて行うものであり、道徳の時間はもとより、各教科、外国語活動（小学校）、総合的な学習の時間及び特別活動のそれぞれの特質に応じて、児童（生徒）の発達段階を考慮して、適切に行わなければならない（総則第一の二）」ということを確認する必要があります。

学習指導要領の各教科・領域の「第四章　指導計画の作成と内容の取扱い」には、次のように示されています。「(四) 第一章総則の第一の二及び第三章道徳の第一に示す道徳教育の目標に基づき、道徳の時間などとの関連を考慮しながら、第三章道徳の第二に示す内容について、○○科の特質に応じて適切に指導すること」と示されています。「○○科」の部分が各教科等の名称に変わるだけで、あとは小中学校すべてに共通です。

『小学校学習指導要領解説　算数編』を見ると、算数科では、次のような視点から道徳教育を進めることが推奨されています。これらは、各教科等に共通する指導の原理ととらえることができます。

・学習活動や学習態度への配慮（学び合いや個人差）
・教師の態度や行動による感化（教師は生きたモデル）
・目標と道徳教育との関連を明確に意識しながら、適切に指導する（教科目標の達成）

ところで、筆者が新米教師のころ、当時の校長先生から勧められた文部省指導資料（一九六八年）の中に、この解説の原点をみることができます。算数科では、無理に教えたり注入したりすることは避け、児童が自分で考え、努力し、解決するようにして喜びを倍加させ、内容のすばらしさを感得させる、苦心し努力して法則などを発見した感激、美しさや簡潔さに驚くことは、道徳的情操に結びつく、などと解説されています。また、つまずきの多い教科などで学力差に配慮する、低学年は学習態度や習慣の形成、中学年は自分で考える態度の確立、高学年は比較検討と自己評価などを重視することなども示されています。この指導資料は、現在でも一読の価値があります。

（参考：文部省「小学校・学校における道徳教育」「中学校・学校における道徳教育」昭和四三年、『各教科・領域における道徳教育の進め方の実際』教育出版）

4章 研究・研修編

1 反対理由がなくなったから研究指定を受ける
――研究にも北風（説得方向の説明）と太陽（納得方向の面談）

平成六年四月に小学校の校長として赴任した早々、教育委員会のＭＫ指導主事から電話が入りました。用件は、今年度から二年継続の公開発表を前提とした教育委員会指定研究を引き受けてほしいというものでした。前任者との引き継ぎの中では全く話題に上らなかったので、驚きました。

研究をすること自体に異存はないので、教頭と教務主任、研究主任に打診してみました。教頭は筆者と同様に引き受けてもよいという考えでした。ところが、二人の主任は、「昨年度末、前任校長が、来年度は少しゆっくりしようということで校内研究はしないことになっています。まして や、開校以来研究発表会をしたことがない（?）ので無理」という意見でした。

常々、「研究は教師の良心の証しである」と説いてきた筆者は、そういうことなら、なおさらやるべきだと意思を固め、三人に協力を依頼し、企画会議、研究部会、職員会議の順に教育委員会指定の研究を受ける方向で進めました。企画会議では、管理職以外は難色を示しました。そこで、受けられない理由は何なのか聞きました。研究部会は、講師の話を聴く研修会を中心に進めることにし、研究授業はしないと昨年度末に前任校長と確約したので反対であると結束していました。四月中旬の職員会議でも、教員の意向を確認しました。指定を受けるという校長（筆者）の最終判断は示さず、なぜ反対なのか具体的に聞きつくしました。

校長の「職務命令を発すること」も、「ぜひやるべきだと意義を説明する説得」も、あえてしませんでした。その代わりに、反対意見を述べた教員と管理職（教頭がよくがんばった）が面談し、「どのようにしたら引き受けられるか」を聞き出し、改善できるものは即刻改善していきました。理不尽でない要求には、誠実に対応することを約束しました。教員二六人と面談を繰り返し、三か月が過ぎました。七月の職員会議で再度提案したときは、「反対する理由がなくなりました」という理由で引き受けることになりました。教育委員会も忍耐強く七月まで待ってくれました（いろいろな仄聞をつなぎ合わせた話として受け止めてください）。

2　「出稼ぎ」で講師料をまかなう
――条件の整備とよい講師は研究の意欲と質につながる

まだ、校長に研究会等の講師依頼があっても、年次休暇を使えば講師料を受け取ることのできる時代がありました。昔々の話です。

授業研究を通して校内研究をすることになりました。各学年一つは提案授業をしてほしいという意向を研究主任に伝えました。教頭に、実現できるよう研究主任のサポートや校内の世論形成を指示しました。

低・中・高学年各一本で、年間三回実施案が強く主張されました。そこに知恵者が登場し、学級担任全員（特別支援も含めて一七人）で授業をしようと提案してきました。なぜかほとんどがそれに乗りました。

この提案自体はよいものだったので、教育委員会に打診したところ、他校とのバランスの問題で年間六回分しか予算は手当てできないということでした。また、一七回も授業研究を実施して授業時数の確保は大丈夫かということでした。なるほど、こういう深読みがあったのかと、巧妙な反対の仕方に感心しました。

そこで、一七人を六回に収める進め方を考えました。「低・中・高学年の研究授業を同日に実施し、低・中・高学年別に研究協議をする場合」と、「従来どおり、研究授業を一本行って、それを全員で観察して、全員で協議する場合」を組み合わせることにしました。これで、研究によって授業がカットされることが教育委員会の条件内に落ち着くことになりました。

後は、講師謝金を捻出することです。さまざまな教育実践や研究助成に応募しました。大学生二人を抱える筆者のポケットマネーを使うことは、初めから考えませんでした。そこで、講師依頼があったときに、年次休暇をとって講演や助言者を務め、それを講師謝金の一部に充てることにしました。このことは、誰にも言わず実行していました。

したがって、教員は「われわれに研究を押しつけておいて、校長は休暇で出かけて、いい気なものだ」と陰でひそひそと話題にしていたようです。そのうち、どこからか事実が漏れ、「校長先生、出張ですか」「違う、ああ、『出稼ぎ』ですね」ということで、少しは認めてもらえるようになりました。

これが功を奏したかどうかわかりませんが、しだいに教員の授業研究に対する意欲と工夫、努力が形になって見えはじめました。そして、研究発表会を明るく前向きに迎えることができました（これも多くの仄聞を一つのストーリーにまとめたものです）。

3　二一世紀の教育プランの発表
――ゼロからの出発はやめ、あるものは活用し、ないものは創る

平成一〇年ごろから、何かにつけて「二一世紀の教育」ということが話題になりはじめました。時流に乗るということではありませんが、根岸小学校としても二一世紀を迎えるにあたって、学校教育を総合的に見直し、未来志向で児童の教育のあり方を考えてみようという思いが強くありました。

さいわいにして、誠実で、個性的で、有能な教職員が揃っていたので、校長の思いつきは、あれこれアイデアを出し合う中でしだいに固まっていきました。

文部科学省の総合的な学習の時間の単元開発の指定を受けていたことから、この時間の学校としての目標、指導内容、単元開発（学校総合、学年総合、学級総合、各教科等との関連、単元の目標、課題、展開、評価など）、授業展開、評価、保護者や地域との協力・連携などを含めて、以下のような内容について考えました。

Ⅰ　根岸小の教育と研究
研究構想図、総合的な学習の全体像、教育課程の全体構想、学校の教育目標、学年の目標、時間

割の編成、日課表

Ⅱ　全体計画

教育課程の全体構成、道徳の全体計画、特別活動の全体計画、学校体育の全体計画

Ⅲ　総合的な学習

①総合的な学習の基本的な考え方　②各教科等と総合的な学習との関連的な展開　③各学年の指導計画（第一～二学年・年間活動計画（生活科）・単元構成図、第三～六学年・年間活動計画（総合的な学習）・単元構成図）　④学級総合の指導計画（第三～六学年の全学級担任・専科担任の単元開発例）　⑤学校総合の指導計画（根岸スマイルタイム、年間指導計画、実践例、二〇〇三年版に英会話体験の年間指導計画を追加）

Ⅳ　各教科・道徳等の年間計画（含むTT、関連的指導、総合的な学習とのかかわり）

第一～六学年の年間指導計画、二〇〇三年版に発展的な学習（国語、算数、理科、社会）を追加

Ⅴ　学級活動の年間指導計画

第一～六学年別年間指導計画（希望や目標を持って生きる態度の育成、基本的な生活習慣の育成、学校図書館の利用、心身ともに健康で安全な生活態度の形成、学校給食と望ましい食習慣の形成、その他祝日や行事の事前指導）

Ⅵ　生活指導

生活指導の全体計画、年間指導計画（月別目標、重点事項）

Ⅶ　総合的な学習の評価

総合的な学習の基本的な考え方、総合的な学習の評価の観点と評価基準、総合的な学習の評価の

実際（通知表の評価、評価のための資料、通知表の評価の学年別記述例、指導要録の評価、総合的な学習の総括的な評価、指導要録の評価の要件、指導要録の評価の学年別記入例）
Ⅷ　各教科等の観点別評価基準
評価の工夫、各教科の観点別評価基準、各教科のカッティングポイントと観察の視点、特別活動の記録の観点と評価基準、行動の記録の観点と学年別評価基準
Ⅸ　通知表の改善
通知表の役割、通知表の様式例、説明責任（事前説明、途中の説明、結果説明）
Ⅹ　学校外協力者
全校・学年別・学期別の「学校外の授業協力者の例」一覧表

この研究は、平成一三年一〇月に「２００２根岸教育プラン」としてまとめ、公表し、批判を仰ぐことができました。さらに、新学習指導要領に準拠した実践に基づいて一年間かけて加除訂正して、「２００３根岸教育プラン」として再度公表することができました。

さて、この研究を進めるにあたって、校長以下教職員は、「ゼロからの出発はやめる」、したがって「あるものは活用する」「ないものは創る」という方針で進めました。このスタンスは、情報を収集・加工・活用したり、教職員の体験を再構成したりなど、過去の先行研究の上に立って新しい研究を積み上げて進めることにつながりました。

また、総合的な学習の時間の目標や指導内容、単元開発や展開、学習評価の活用などについては、全教員で知恵を出し、手を動かし、汗をかいて「創りあげる」努力を続けました。

しかし、この研究で留意したことは、全精力を総合的な学習に注ぐことにならないようにしたことです。あくまでも、日常の児童の教育活動を充実させることを重視する中に、研究活動を位置付けることにこだわりました。研究に打ち込むと、教員の多忙化が進み、教育活動が荒れるという一部の誤解を払拭することにもなったと思います。それが、学校教育の新しい一部分の研究開発を進めつつ、学校教育全体を同時に見直し整理することにつながったことを強く感じます。

この流れはＭＫ校長、ＫＳ校長、ＴＴ校長に発展的に引き継がれ、現在、「２０１２根岸教育プラン」が公表され、実践されております。後任校長も「ゼロからの出発はやめる」「あるものは活用する」「ないものは創る」をモットーに進めていることに敬意を表するしだいです。

（参考：みがく・かかわる・未来をひらく「２００２根岸教育プラン」「２００３根岸教育プラン」「２００５根岸教育プラン」「２０１２根岸教育プラン」東京都台東区立根岸小学校）

4　校内研究の講師から聞いたあれこれ
――管理職の思いと積極的なかかわりが研究意欲と成果に影響

仕事柄、校内研究の講師として招聘され指導・助言している方々からさまざまなことを耳にします。モデルとして、また反面教師として役立つと思いますので、どこの誰から仄聞したのかわからないよう配慮して紹介します。

○一般的には、校内で検討したとはいえ、指導案は八分通りの出来で、研究協議の際にいくつか注文をつけることになります。ところが、A校長の場合は、研究に丁寧にかかわり、指導案の作成段階でも指導性を発揮していました。したがって、授業も提案性の高い工夫のあるすばらしいもので、教員の意欲も高く協議会も実質的で活発だったそうです。

○B校では、子どもの人権に配慮し、学習意欲を萎縮させないために、正解または教師の意図に合った反応をした子どもの意見しか発表させません。間違えた子どもや不十分な意見が生かされるよう改善したほうがよいと助言しましたが、学校の考え方は変わらなかったそうです。結局、つまずいているかぎり発表の機会は与えられないことが続いているそうです。

○C校では、子どもに質の高い学力を定着させようと、国語と算数と理科を対象に、校内研究に取り組んでいます。ところが、研究会当日、その道で名高いD校長は他校の講師に招かれて出かけ、留守だったそうです。教員のやる気は高く、研究そのものは活発に進行したそうですが……。

○E校のF校長は、研究協議会が終わり校長室に戻るなり、「本日はほめていただき、また、明確に改善点をご指摘いただきありがとうございました。あの教員は、ふだんからその辺が気になるのですよ。困ったものです」ということだったそうです。「そうですか、外部の私が言うよりは、校長先生から授業観察の折に直接指導されたほうが効果があると思いますよ」と、思わず口を滑らせてしまったそうです。

○G校の校内研究の協議会で、授業者のH教諭は、指導講評に先立ち発言を求めて、「講師のI先生、私は自分の考えを持って授業をしていますので、先生がどのようなことをおっしゃっても変えるつもりはありませんのでご了解ください」と言われ、さてどうしたものかと戸惑ったということです。隣席のJ校長は涼しい顔をしていたそうです。

○K校の校内研究で、指導助言した講師のL先生は、逆ギレした新採のM先生から「子どもも私のこともよく知らない人からそんなことを言われたくありません！」と言われたそうです。

○N小学校からの講師依頼状は、なぜか、研究主任の名前で送られてくるそうです。副校長のP先生に連絡したところ、主幹教諭なので副校長の校務を補佐しているのだそうです。

5　海外の学校訪問で出合った「目から鱗」
――学校の目標、教師の仕事、担任の判断、教師へのサポート

日本の教師の指導技術の優秀さは、海外でもかなり知れわたっているようです。また、日本語の「jugyo-kenkyu」がそのまま通用するくらい校内研究が注目され、わざわざ日本の小中学校を訪問する研修団もあるということです。筆者も校長時代、アメリカと韓国、モンゴルの教員研修団の学校訪問を受け入れた経験があります。そこで、筆者が海外の学校訪問をして感じたことをいくつか紹介します。ただし、限られた体験に基づいたことですから一般化しないでください。

学校の教育目標（アメリカ）

日本の学校の教育目標は、知・徳・体を調和的に育成するというものがほとんどです。ロサンゼルスの小学校で、「この学校の教育目標はどのようなことですか？」と質問したところ、「基礎学力を付けることです」「それだけですか？」と重ねて尋ねたところ、「それ以外にはありません」ということでした。単純明解さに新鮮さを覚えました。

教師の仕事（アメリカ、ドイツ、ベトナム、フランス）

教師の仕事は、授業を通して、カリキュラムに組まれている内容を指導することが中心になっ

ているようです。授業が終わればゆったりと休憩しているし、目に余る行為がなければほとんど注意することもないようです。授業妨害や集団を乱す行為が激しければ、保護者に連絡し、改善するまで出席を停止する措置をとることもあるそうです。下校中に喫煙している生徒がいたので、そのことについて尋ねると、「それは家庭の問題です」と言いきりました。

学年や教科の専門性（アメリカ、台湾）

特定の学年を専門に指導する教師、小学校から教科担任制を採り入れて専門性を重んじていることが印象に残りました。逆に、「日本の小学校は、一人の教師が何でも指導するそうだが、きちんと教えられるのか？」と質問されたことがありました。

複数の教科書の使用（アメリカ）

一五人程度の学級の算数授業を参観したら、使用している教科書が子どもによって様々なのに驚きました。担当教師によると、絵の描いてある教科書、丁寧に説明してある教科書、模型を使いながら学習する教科書など、子どもの特徴や能力に応じた教科書を使わせているということでした。もちろん、教師はこまめに机間巡視をして個別指導を丁寧にしていました。

朝礼講話は担任の判断（アメリカ）

訪問した学校で、たまたま校長講話が行われていました。しかし、教室で担任の話を聴いている学級もありました。事前に、講話の内容を教師に知らせ、担任がこの内容なら必要ないと判断したときは、校長講話に代わる指導を担任がすることがあるのだそうです。校長にとってはじつに厳しい話です。

教師へのサポート（アメリカ、フランス）

休憩時に運動場で遊びを見守る人や給食の指導や世話をする指導員が配置され、教師が学習活動に専念できるように人的措置がされています。また、ロサンゼルス市のティーチャーズマーケットの仕組みには驚きました。必要な教材をマーケットで購入でき、板書に必要なカードなども電話注文で作成してもらえるのだそうです。もちろん代金は教育委員会が支払います。

自由な昼食（アメリカなど）

昼食にたっぷり時間をとるのは、どこの場合も同じようです。弁当持参で、校庭の芝生で友達と楽しく食べる、あらかじめ購入しておいたチケットを出して食堂で給食を食べる、食堂の手伝いをすると報酬として食事が提供されるなど、柔軟で、かつ教育的なのに驚きます。これらの世話や指導は指導員が担当します。特別なことが起きないかぎり教師がかかわることは一切ないそうです。

使い勝手のよい学校建築（アメリカ、ドイツ）

学校といえば、どこの国でも直方体をした形が一般的です。ところが、サンノゼのある小学校は、八角形をした校舎で、中央にメディアセンターがあり、そのまわりに放射状に教室が配置されていて、どの教室からでも出入りが可能で図書やパソコンが使えるようになっていました。図書室利用可能日が割り当てられている日本の学校と発想が違うことを実感しました。

また、ドイツの総合制学校（一〇年制）では、廊下の幅が数メートルもある大通りになっていて、大木が横たわっていて、子どもたちが腰をかけ談笑できるようになっていました。なにか人間味を感じた学校訪問でした。

校長の資格（アメリカ、ドイツ、イギリス）

校長になるために大学で学校経営に関する単位の取得が必須条件になっている国は少なくありません。したがって、教員免許の取得だけでは、ずっと教師としての専門性を発揮して子どもの指導に当たることになり、校長にはなれないようです。国によっては、子どもの教育にかかわりながら教員の束ね役としての教頭になれる制度になっているところもあります。教員免許や学校経営の単位がなくても校長になれる日本とはだいぶ違います。

ところで、日本の公立学校では制度上、校長が教員を採用することができませんが、校長が教員を採用し、校長の方針に沿って学校経営や教育活動を行えるようになっている国もあります。最近、校長の人事権の拡大、予算編成・執行の裁量の拡大ということがいわれていますが、校長の資格や権限について根本から見直すことが必要だと感じました。

6　海外研修の今だから話せるあれこれ

――指導体制、ICT活用の原点、操作的定義、漫画の吹き出し

海外研修で、さまざまなことを学びました。機会を与えてくださった都・市教育委員会や所属学校長のご配慮に感謝しています。すべて私費・休暇だったので、研修と観光を適度に織り交ぜて楽しく旅行ができました。特に印象に残ったことを紹介します。

指導体制の工夫

平成四年度から小学校で加配教員を初年度一〇〇人手当てをして、東京都の指導体制の改革がスタートしました。今でこそ、一つの学級を複数の教師が指導するのは当たり前になっていますが、当時は学級の中に他の教師が入ることに抵抗がありました。加配教員の希望校を募集しましたが、当初は意外に関心が低く、九九人でスタートしたことを記憶しています。

そのとき、TTなるものがどのような指導体制なのか説明することに苦労しました。そこで、次ページのような図を示して各学校に説明したことを思い出しました。

図1は、一人の教師が主として指導、他の教師が補助をするというものです。図2は、全体指導を一人が行い、少し遅れがちの数人をもう一人がグループ指導をするというものです。図3は、

はじめと終わりは二人で図1のような指導をしますが、途中からは学級を二つに分けてそれぞれ別個に指導するというものです。

じつは、この指導体制の考案には種明かしがありまして、一九七七年にアメリカで研修した際に参観した学校の「一学級を三人で指導する方法」をアレンジしたものです。

現在は、少人数指導や習熟度別指導を加えて充実しています。当時を懐かしく思い出します。

Ｔ１　①全体指導（導入）
　　　②個別指導（解決活動）
　　　③全体指導（話し合い）
　　　④全体指導（学習のまとめ）
Ｔ２　①補助指導（導入）
　　　②個別指導（解決活動）
　　　③補助指導（話し合い）
　　　④補助指導（学習のまとめ）

図１　TT 方式の基本型

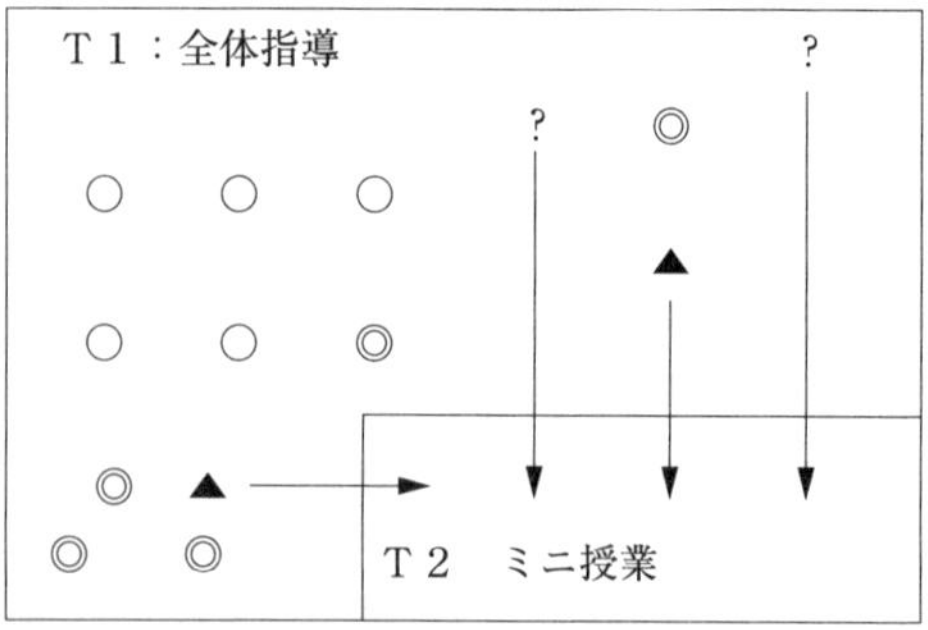

図２　TT 方式・ミニ授業型

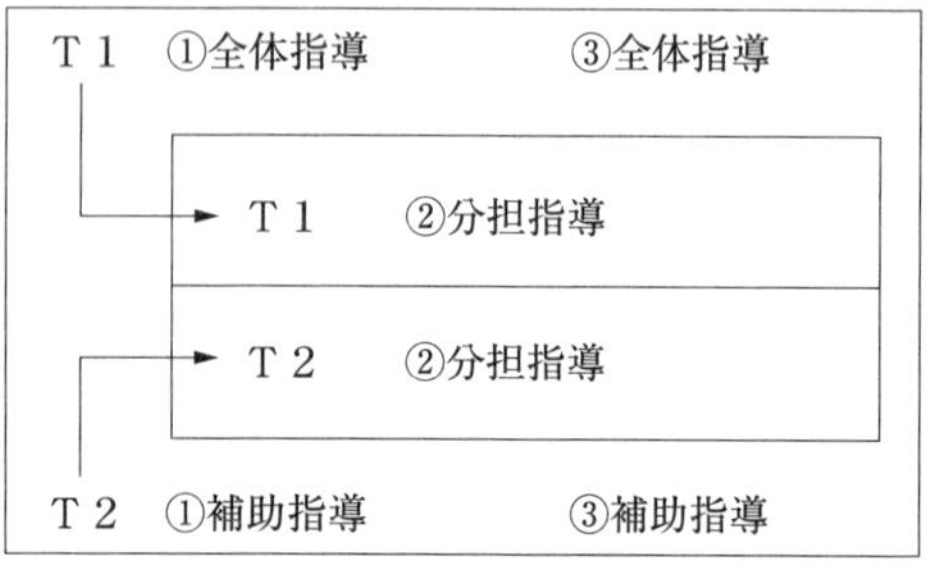

図３　TT 方式・分担型

ＩＣＴ活用の原点

サンフランシスコ市の小学校を訪問したとき、パソコンを使って、通常の学級だけでなく特別支援学級の指導を個別化して行っていました。日本でも、先導的な試行としてパソコンを活用した算数科などの授業が行われていましたが、その学校では、子どもたちが、個別に見事に使いこなしている状況に驚きました。

ＩＣＴ活用を教師の教授用に限定しがちですが、子どもが学習活動で使う授業展開の工夫・改善が必要だとつくづく思ったものです。校長になったとき、教員にこのことを強調しました。

逆の計算の同時指導

中国の小学校を参観したとき、たし算とひき算を並行して指導する展開に出合いました。5＋2＝7と7－5＝2と7－2＝5とを、関連的に指導していくのです。そのときの印象では、計算の意味や仕方の理解にはかなり効果があると感じました。

同様に、かけ算とわり算も関連させて、4×3＝12, 12÷3＝4, 12÷4＝3を指導している展開も参観しました。子どもたちは、よく理解できているようでした。この発想は試したことはありませんが、第四学年になってから計算の関係を学習させるより効果的かもしれません。

加法・減法の操作的定義

昭和五〇年になってすぐのころ、第一学年のたし算とひき算の意味を操作的に定義できないかという課題を片桐重男先生からいただきました。最終的には、図1のたし算（合併、増加）と図2のひき算（減少）を定義することにしました。じつは、これもドイツとアメリカの授業参観で見たことと、日本の授業のおはじきを用いた活動がヒントになりました。この発想は、現在、計算の意味や計算の仕方などに広く活用されています。

漫画の吹き出し

漫画的吹き出しが教科書に登場したのは、前述の「操作的定義」のころだったように記憶しています。キャラクターや吹き出しを登場させることには、教科書ゆえに抵抗があったのです。でも、本文には書けない声かけやヒントなどを図3のように示すのは、子どもの関心を高め、効果的でした。じつは、これも、外国で見かけたワークブックがヒントになりました。

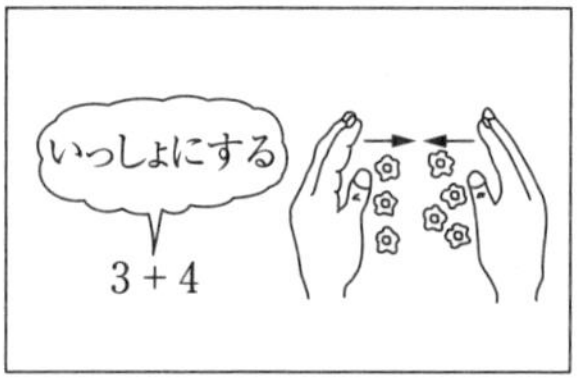

図1　たし算の操作的定義

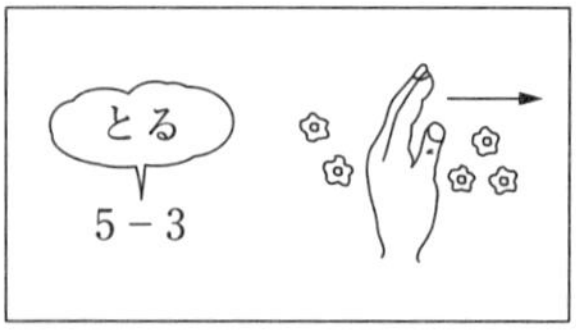

図2　ひき算の操作的定義

図3　漫画の吹き出し

7　外国で通訳つきの数学教育の講演

――外国の学生に通じた「考えさせながら教える」算数指導

台北郊外の淡交大学で、教師を目指す学生に「数学教育」について講義をしたことがあります。

算数科の目標

算数科は基礎学力ということで「計算」だけを重視しがちです。「基礎的な計算」について指導する必要はあるが、それ以外のことにも目を向ける必要があると力説しました。

算数科のねらっている学力の中身

算数科で育てたい学力を明確にする必要があります。諸説ありますが、児童指導要録の観点別学習状況の評価の観点「算数への関心・意欲・態度」「数学的な考え方」「数量や図形についての技能」「数量や図形についての知識・理解」を、算数科で育てたい学力の中身ととらえることを紹介しました。この論法は、校長になって他教科等の学力の中身の考察にも役立ちました。

数学的な考え方の中身

算数科の学力の中核である「数学的な考え方（思考・判断・表現）」については、「数学的な態度（見通しをもつ、既習事項を活用する、知的コミュニケーション等）」「数学の方法に関係した数学的な考え方（帰納的考え方、類推的考え方、演繹的考え方等）」「数学の内容に関係した数学的な考え方（単位の考え、関数的考え等）」を、例を挙げて解説しました（参考：片桐重男『数学的な考え方の具体化』明治図書、同『算数科の思考力・表現力・活用力』文溪堂）。

問題解決学習の重要性

未習問題を解かせるのは無理で、時間の無駄だという主張がありますがこれは誤解です。既習事項を使うとなんとか解決でき、その過程で新しいことを学び取れるように仕組んでいるのです。子どもが行けるところまで自力で行かせ、それを基にして教師が交通整理をし、新しいことを教える指導が問題解決なのです。「考えさせながら教える授業」の提唱です。

授業の中の学習評価の活用

評価を評定だと思い込みがちです。しかし、授業の中の評価は、競技会のように結果のみに着目するのではなく、目標を達成させるために子どもを指導・援助・支援するための「学習状況の見取り」と「反応の把握」であると説きました。この考えに立つと授業が変わります。

知的コミュニケーションの重要性

また、既習事項を活用して問題を自力解決することは重要ですが、その後で、情報交換し、学び合い、高め合い、よりよいものを創造する知的コミュニケーションの必要性にも触れました。

8　教員処遇のあれこれ
――モンゴルの「学力達成度」と「児童からの信頼度」の重視

人事考課制度が導入されて、学校経営への貢献度、学習指導、生活指導、特別活動その他の指導、研修・研究などについての総合的な評価が、人事、異動、昇給、昇任などに反映されるようになりました。制度をつくるのも運用するのも人間のすること、教員の意欲と向上心を促進するかたちで進められることを願っています。ところで、モンゴルを旅行したときに、オルホン県の学校訪問で見聞したことを紹介しましょう。正直、日本に比べて、厳しいと感じました。

基礎・基本に徹した教育

訪問した第十小学校では、日本でいう「読・書・算」に当たる基礎・基本を定着させる教育が重視されていました。青年海外協力隊でこの学校に派遣されていた菊池芳恵さんは、手本を模写する美術教育を、風景や人物を自分の目で見て表現したり、ものづくり等の造形活動をさせたりするよう改善提案をし、各地から参観者が訪れて話題になっていました。

学力試験の結果の活用

日本では、学力テストの結果は表向き、さまざまな視点から分析されて、教育課程や指導法の改善に活用されることになっています。実際は、平均点（順位）がひとり歩きし、子どもの実態の把握に基づいた指導内容や展開の仕方、子どもへの指導・援助・支援の仕方の改善に結びつきにくいとの指摘があります。この点については、モンゴルでも同様の感触を受けました。留意したいものです。

児童・保護者からの選択

ところで、訪問した学校では、どの先生の授業を受けるかを児童・保護者が選択できるようになっていました。あらためて授業ごとの児童の人数を見ると、二十人前後から六十人近くまでとさまざまで、日本の学級編制とは根本から異なっていました。選択の根拠は明確に聞き出せませんでしたが、どうやら日ごろの指導ぶり(人気)と学力テストの平均点(結果のデータ)にあるようです。

日本とモンゴルの教員の処遇

日本の教師は、「児童の教育をつかさどる」といいながらこれを支える校務を分掌し、世界で一番多忙ではありますが、身分の保障、給与の安定、勤務条件などは大変恵まれていると思います。モンゴルでは、教員の仕事だけでは生活できないため、第二、第三の仕事を持っているそうです。その上、最低基準は保障されるとはいえ、学力テストで正答率が八〇％を超えた児童の人数の割合、自分を担任として選択して在籍している児童の人数によって、給与が毎年増減するのだそうです。日本の人事考課の評価より明確で厳しいものがあります。

5章 評価編

1 教育の成果を中心にした学校評価の改善
――視点を教師評価から子どもの高まり度に変えた学校評価

昭和五六年ごろ、東村山市教育委員会に勤務していました。東京都教育委員会の改定学校評価基準を各学校に普及する仕事にかかわりました。学校評価の移り変わりを振り返ってみます。

① 新卒時代の学校評価（昭和四十年代）

昭和四〇（一九六五）年三月に改定された東京都の学校評価基準は、教育目標、教育課程の編成と実施、生活指導と健康・安全、教職員、学校事務、施設・設備、地域社会の評価項目について、教職員の取り組みについて評価することが中心でした。この評価基準を活用する学校はほとんどなく、筆者の記憶では、年度末に反省と称して簡単な評価がなされているだけでした。

② ＰＤＳサイクルの導入（昭和五五年度の改定）

昭和五五（一九八〇）年の改定で、学校評価基準は大きく変わりました。第一は、教育課程の編成と実施に関する評価（Ａ表：教育目標、教育計画、各教科、道徳、特別活動、創意を生かした教育活動、生活指導・進路指導、健康・安全の指導）と、教育課程の編成と実施を支える諸条件に関する評価（Ｂ表：経営・組織、研究・研修、情報、出納・経理、施設・設備、家庭・地域社会）に構成が変わりました。

第二は、評価項目ごとに、Ｐ（計画）・Ｄ（実施）・Ｓ（評価・改善）のサイクルが位置付けられました。具体的には、表側に計画・実施・評価、表頭に共通理解・意欲・協力作業が位置付けられ、評価項目ごとに九個の評価基準が示される画期的なものでした。

しかし、教職員の取り組みに関する評価（共通理解・意欲・協力作業）が中心で、学校現場の取り組みは①の段階と大きく変わることはありませんでした。

③ 成果を測る学校評価へ（平成五年の改定）

平成五年の改定に、東京都教育庁指導部初等教育指導課に在籍していた筆者は直接かかわりました。そのとき、第一は、教育課程の編成と実施に関する評価（Ａ表：教育目標、教育目標を達成するための基本方針、特色ある学校づくりの基本的な考え方、各教科の指導、道徳の指導、特別活動の指導、特色ある教育活動の指導、生活指導・進路指導、年間授業日数・年間授業時数、学校行事、健康・安全の指導と一部改善）と、教育課程の編成と実施を支える諸条件に関する評価（B表：経営・組織、研究・研修、情報、出納・経理、施設・設備、開かれた学校と一部改善）の構成はほぼ踏襲しました。

第二は、評価の視点を新しく「児童とのかかわり」「教職員とのかかわり」「家庭・地域社会とのかかわり」と設定して、以下のことが評価できるようにしました。

〈児童とのかかわり〉学校評価の対象や評価項目、評価単位、評価基準などは、小学校学習指導要領に則したものとし、児童の成長や変容を的確に把握しつつ、その成果や改善すべき事柄を明らかにできるように考えました。

〈教職員とのかかわり〉組織体としての学校は、児童に質の高い教育を保障するために、校長を中心に全教職員が協同して教育活動を進める必要があります。したがって、教育課程の編成、実施、評価などの段階において教職員のかかわり方の状況を、共通理解、実施への意欲・創意工夫、協同的取り組みなどの視点から評価できるようにしました。

〈家庭・地域社会とのかかわり〉各学校は、家庭・地域社会と双方向のかかわり方を重視し、十分な理解と協力を得て教育効果を上げるよう努める必要があります。また、家庭や地域社会の建設的な要望や意見を受け止め生かしていく必要もあります。こうした相互の理解や状況について評価できるように改善しました。

④ **学校評価基準の活用―1**（平成六年）

その後、校長として異動して、筆者自身がかかわった学校評価基準を実際に学校の現場で活用する体験をしました。学校評価基準は、学校の教育活動と運営を総合的に評価することができるようにすべてにわたって網羅的に作成されていますから、これをそのまますべて活用することには無理があります。そこで、教務部で、あらかじめ重点化した評価項目についてのみ実施し、活用するようにしました。教員の心象は悪くなかったと思います。

⑤ **学校評価基準の活用―2**（平成一〇年）

東京都立多摩教育研究所を経て、再び校長として異動し、学校評価基準を活用する体験をしました。教務主任のＨＨ教諭の発案で、全教職員で成果のあった項目と課題のある項目をアンケート形式で調査し、上位のものと校長が必要と認めたものについて評価基準に則して、丁寧に評価しました。学校行事など季節的なものはそのつど評価しました。これは意外と効果的で、成果と課題と改善策が浮き彫りになりました。

この経験が、次の東京都公立小学校評価資料（基準）作成委員会委員長、台東区立小学校学校評価資料（基準）作成委員会委員長の仕事に活用でき、助かりました。

2　学校評価と活用の「四・四の原則」
――「印象と直感」から「事実とデータ」に基づいた学校評価へ

学校評価の進め方について、教育課程審議会の本会議で事例紹介をするように依頼され、筆者が当時所属していた学校の実践を報告したことがあります。

ある委員から、「なんだ、学校評価というからどんな高度なことをしているのかと思ったら、チェックリストに基づいて点検し、改善しているだけではないか」と言われて、心の底からムッとしました。筆者は「学校評価の研究者ではなく、学校教育と運営をよりよくしていく職人なんだ」と言い返したくなったことをいまでも思い出すことがあります。

そこでは、「印象と直感的な思いつきの学校評価」から「事実とデータに基づいた客観的な学校評価」の必要性を強調したつもりです。

①　学校評価の四つの原則

学校評価をするときは、根拠を挙げ、評価項目それぞれについて、次の四つの視点から点検させるようにしました。当然、筆者自身の学校経営の自己評価でも励行しました。この発想は、学校運営や教育活動などの進行管理の仕方にも活用できます。

・成果の上がったことを見つけ、なぜそうなったか要因を探り、いっそうよくなる方策を考え、継続する。
・課題（問題点）を見つけ、その要因を探り、改善策を考える。
・無駄、無理、効果なしを見つけ、無くしても困らないものであれば廃止する。
・不足、新しい価値あることを探り、効果が想定できれば新規に導入する。

② 評価資料活用の四つの原則

収集した評価資料を活用するに際しては、次の四つの立場をとるようにしました。これはとかく時間がかかり、その割には効果的でない職員会議を改善する意味でも有効でした。
・参考意見として全教職員に知らせ、労をねぎらう意見にとどめる。
・部内の参考意見として次年度に引き継いでもらう意見にとどめる。
・重要な意見は、部内で改善策を検討し、次年度に実行する。
・最重要な意見は、職員会議で改善策を全教職員で検討し、次年度に実行する。

③ 「メモ魔」の奨励

学校評価を年度末反省レベルにしないために、児童の学習評価を学期ごとに行う通知表の発想で、中間的評価を行いたいものです。そのためには校務ノート（管理職）や週案（教員）などに、①の四つの視点から気づいたことを書き留める「メモ魔」になることを励行、奨励しました。

3　学校評価を支える学校情報の効果的公表
——保護者等アンケートと学校関係者評価のあり方

外部評価の必要性が提唱され、国立教育政策研究所が中心となって研究を進め、学校関係者評価、第三者評価として具体化されました。第三者評価はその後、かなり柔軟な運営に改善されているので文部科学省の「改定学校評価ガイドライン」を読み込んで対応する必要があります。

保護者等アンケートの取り扱い

保護者等対象のアンケート調査は、長い間、外部評価としてきました。第一のポイントは、アンケートは、学校の自己評価の評価資料を得るためのものであって、保護者等へのアンケート即学校関係者評価とならない、ということになったことです。学校現場は戸惑いました。

学校関係者評価のあり方

話は横道にそれます。学教法施行規則第六七条に、自己評価の結果を基にして学校関係者による評価を行い、その結果を公表する（要約）と規定されています。具体的には、保護者や地域住民などによって構成された委員によって、学校の自己評価の結果や改善策などについて、学校運営や教育活動の観察やデータの点検、意見交換などを通じて評価することになっています。

アンケート実施の前提

第二は、各学校が労力と時間をかけてアンケートを実施していますが、「子どもに思考力は育っているか」「わかりやすい授業が展開されているか」など、たまにしか来校しない保護者や地域住民が回答しにくい設問が多いということです。筆者は、校長時代、学校便りや学校公開などで積極的に情報を公表（アンケートに関連した情報を学校便りやホームページに掲載し、学校公開、保護者会、地域諸会合などで説明）することに努めました。

アンケートの内容

第三に、アンケートの内容と形式を工夫しました。まずアンケートの内容については、学校の自己評価に必要な事柄をピックアップし、それに関する情報を積極的に公表しました。その上で、選択肢法（中間の選択肢を置かない四件法）と自由記述法を併用し、全体的な傾向をとらえるようにするとともに個別の建設的な意見を知ることができるようにしました。

アンケートの実施時期

第四に、アンケートの実施時期を定期的なもののほかに、学校行事や学校公開、諸会議や諸会合、訪問者との懇談の際にもさまざまな仕方で収集するように努めました。保護者や地域住民の学校に対する関心が高まるにつれ建設的な意見がしだいに得られるようになりました。

4　専門調査員として学習評価にかかわる
――なぜ？「ABCは評価」で「321は評定」

最後の教育課程審議会（平成一二・一三年、これ以降は中央教育審議会に改編）の学習評価（児童（生徒）指導要録に関する評価）の改善にかかわる専門調査員として参画したことがありました。ここで、筆者が発言した素朴な意見をネタにして次の四つのことを紹介します。いまでもこの疑問に明確な結論は出ていません。どなたかご教示ください。

絶対評価へ移行

少し前から学習状況の評価については、四つの観点からＡＢＣの判定が「絶対評価（目標に準拠した評価）」で行われていました。この審議会では、各教科の評定３２１、５４３２１の判定（総括的評価）も相対評価（学習集団の中の位置による評価）から絶対評価に移行するということが検討され、そのようになりました。児童生徒の学習成果を適切に評価できるということで筆者も賛成しました。

評価と評定

ところで、絶対評価で観点別にＡＢＣと判定すると「評価」で、総括的に３２１（５４３２１）

と判定すると「評定」というのはなぜでしょうか。筆者はこのことについて発言しました。内部で話題にはなったらしいのですが、変更はありませんでした。どちらも児童の学習成果を値踏みしているのですから「評定」だと考えるのですが、いかがなものでしょうか。橋本重治、石田恒好、北尾倫彦の各先生がこれに関する著述を手前勝手に読み込んでいたことを思い出します。いまでも、筆者の考えは変わりません。

観点別評価の必要性

観点別学習状況の評価の必要性についても考えさせられました。中学校ではあまり正面からは取り組んでいない傾向が指摘されていました。高等学校では、指導要録に記入されていない状況があると報告されていました。筆者は、総括的評価だけでは、児童生徒のどこに特徴があるのかわからず、指導資料として活用しにくいと考え、そこに意義を見いだしています。

結果も問われる時代

『朝日新聞』（平成一四年一月二八日付東京版第一面）に筆者のコメントが、「楽しく学習しています、だけでは通用しなくなる。子どもたちがどんな力をつけたか、プロとしての力量が試される時代が来た」と紹介されています。つまり、学習評価の改善は、児童生徒に質の高い学力を保障するために活用されるべきで、教師はそのために授業力を日々向上させる必要があります。

5　どちらが正しいの？「評価規準」と「評価基準」
――評価規準（クライテリオン）と評価基準（スタンダード）の違い

学習評価を実施するにあたっての「ひょうかきじゅん」に、評価規準（クライテリオン）と評価基準（スタンダード）があることは承知しています。違いがあるはずなのに、どちらにも同じ「評価規準」を使っていることに疑問を感じています。「不毛な言葉遊びだ」だという人もいますが……。

文部省（当時）・国研教育課程センターの「ひょうかきじゅん」

長い間、教育委員会や学校は、目標の達成状況を判断するための尺度として「評価基準」を作成してきました。ところが、平成三年の指導要録の改定に伴い、文部省（当時）は「それら（評価基準）は、ともすれば知識・理解の評価が中心になりがちであり、また『目標を十分達成した（＋）』『目標をおおむね達成した（空欄）』『達成が不十分（－）』ごとに詳細にわたって設定され、結果としてそれを単に数量的に処理することに陥りがちであったとの指摘があった」、そこで、「子どもたちが身に付けた資質や能力の質的な面、すなわち、学習指導要領の目標に基づく幅のある資質や能力の育成の実現状況の評価を目指すという意味から『評価規準』を用いる」ことになったと説明しています。

この考え方は、その後、二回の指導要録の改善でも踏襲されています。ただし、平成一四年は「単元の評価規準」と「学習活動における具体の評価規準」と使い分けていたものが、平成二二年ではどちらも単に「評価規準」と統一されています。どのような研究に基づく結論なのか知りたいものです。

総括的評価の「ひょうかきじゅん」

指導要録や通知表の評価・評定、単元の目標に対応したレベルは、総括的な評価ですから「評価規準（クライテリオン）」を用いることには異論はありません。

しかし、総括的な評価対象に対する評価規準が、児童生徒の日ごろの学習活動や反応をすばやく見取り、必要な指導を行うことに対応した具体的な「ひょうかきじゅん」になり得るのかどうかについては、釈然としないものがあります。

授業の中の「ひょうかきじゅん」

単元の指導計画における毎時間の目標に対応したレベル、すなわち、授業の中の「ひょうかきじゅん」には、児童の学習状況や反応、変容を見取り、指導・援助・支援の手立てを講じる必要から具体的な評価尺度としての「評価基準（スタンダード）」が適切だと思います。

実際、筆者は、この発想で実施したほうが、学習評価の実施と活用が適切にできるという感触を得ています。ですから、単元の指導計画を作成する際には、単元の目標及びそれに対応した観点別「評価規準」と、毎時の目標に対応した主な評価の観点及び「評価基準」と評価方法などを区別して設定するようにしていました。このほうがわかりやすく、子どもの学習状況や反応がつかみやすく、実用性が高いと考えるからです。

また、「評価基準（スタンダード）」は、量的な把握だという指摘もありますが、数量的に把握する「分割点」、条件を文章で示す「評価指標」、必要な要件をチェックする「点検表」、「評価指標と作品・実演で示すもの」など多様に工夫されています。児童の指導に生きる視点から今後も学校現場の教師による研究が必要だと思います。

分割点（カッティングスコア）

目標の実現状況を数量的に示した達成基準です。「新出漢字の読み書きが、九〇％以上できる」「二位数どうしの繰り上がりのあるたし算が、九〇％以上できる」「縄跳びの跳び方が五種類のうち三種類以上できる」など、数量的に判断できるように設定されます。

評価指標（ルーブリック）

思考力、判断力、表現力などは、数量的に評価基準を設定しにくいです。そこで、「既習事項を活用して、23×8の計算の仕方を考え、説明できる」「ヘチマの観察をして、気づいたことや考えたことをまとめ、説明できる」などと、目標が実現できた状況を具体的に記述して、それに照らし合わせて判断できるように設定されます。

点検表（チェックリスト）

評価指標を具体的な点検項目に細分化して、いくつかの点検項目を設定して点検表を作成し、学習状況や反応をチェックして、目標の実現状況や反応をとらえます。考え方によっては、「分割点」による数量化したものとみることもできます。この発想は、学習評価だけでなく、学級の人間関係の把握、施設・設備の安全点検、学校評価などにも広く活用できます。

評価指標と作品・実演で示すもの（パフォーマンス・アセスメント）

評価指標で「評価基準」を設定し、その具体的な姿を作品で示したり、実際できるようになっているか実演で確認したりする方法も開発されています。オーサンティック・アセスメント、パフォーマンス・アセスメント、ポートフォリオ・アセスメントなどとして注目されています。

（参考：文部省「小学校教育課程一般資料」平成五年、「評価基準の作成，評価方法の工夫改善のための資料・評価規準、評価方法等の研究開発」平成一四年、「評価基準の作成のための資料」平成二一年、「評価方法等の工夫改善のための参考資料」平成二三年、いずれも小学校編、中学校編がある、国立教育政策研究所教育課程研究センター・北尾倫彦『平成二三年度版 観点別学習状況の新評価基準表』図書文化）

6　指導と評価の一体化、本当はどういうこと?
――授業におけるPDCAのC（見取り）とA（支援）の実施

指導要録の改訂（平成二二年）に伴って、学習評価の活用が強調されています。学習評価の活用ということでは、指導要録や通知表の評価・評定が対象になりがちです。しかし、直接児童生徒と授業で向き合っている教師は、授業の中での学習評価を考える必要があります。

①　授業の中の評価

授業の中での評価は、（授業の中の記録が評価資料として役立つことはあるが）通知表や指導要録のためのものではないと考えるようにします。つまり、児童生徒の学習状況や反応を、次の類型を参考に的確にとらえることが授業の中の評価なのです。この発想に立つと、児童生徒がよく見えるようになります。

◎：自力で、教師の想定や教科書の模範解答に匹敵する解決ができている。
○：自力で、粘り強く取り組み、素朴ながら解決できている。
△：途中でつまずいている。
▲：なんとか自分で解決しようとしているが、見通しがもてず行き詰まっている。

？：何をどのようにしたらよいか、学習課題や解決の仕方が全くわからない。

② 授業の中での学習評価の活用

さらに、授業の中で学習評価を活用するとは、①のように児童生徒の学習状況や反応をとらえ、それぞれに応じた指導・援助・支援の手立てを講じて、一人一人を理解できるように、深めるようにに、高めるようにすることです。①と②が一体的に行われる授業が「指導と評価の一体化」の本当の意味なのです。このことが行われていなければ、授業は成立していないということになります。筆者は、校長として教員にこのことを常に強調してきました。

③ 指導・援助・支援の手立て

評価をし、それに応じた指導をするためには、教師は、授業のプロとして、手立てを多様にもつ必要性があります。自学の奨励、具体的な指導・指示・助言、援助・支援・示唆、相互扶助、質問奨励、相談奨励、指導体制の工夫、ＩＣＴの活用など、学校として組織的に開発・工夫し、近隣の学校間で情報交換をして、具体的に進めるようにすることが求められます。

（参考：橋本重治『教育評価法概説』図書文化、東洋『子どもの能力と教育評価』東京大学出版会、拙著『授業のなかの評価』教育出版、同『小学校学級担任がしなければならない評価の仕事十二か月』明治図書、同『小学校担任の実務カレンダー』学事出版）

7　捨てずに取っておきたい通知表
――通知表の点検とコメントで教師の評価観を変える

ある保護者と話していた際、ひょんなことから通知表のことが話題になりました。保護者の「あんな通知表なんて捨ててしまいました」というきつい言い方に驚いたことがあります。

三学期末に、通知表をもらってしばらくしてから親に内緒で細かくちぎって燃えるごみに出してしまったそうです。それは、所見の欄に、欠点が多く書いてあり、担任の顔と通知表の内容を早く忘れたかったからだそうです。

①　通知表の点検

通知表の点検は、学年内で成績一覧表を基にして記入のミスがないか互いに確かめさせました。その上で、記入のミスがないか教頭と教務主任・担任以外の教師に再点検させました。また、所見の欄も学年内で読み合わせをさせ、字句の間違い、人権などについて自覚させるようにしました。筆者は校長として、全児童の通知表の所見欄に目を通して、点検し、書き直すところは付箋を貼って鉛筆で具体的に指摘しました。現在ならパソコンで処理することが多くなり修正が容易になりましたから、かなり丁寧な指示が出せると思います。

② 通知表の所見欄の記入

所見欄の記入の仕方については、「良いこと、進歩したこと、努力したこと」を中心に記入する、注文をつける場合は「……が気になりましたが、努力してよくなりました。これからもがんばりましょう」と前向きに記入すること、人権やプライドを傷つけないよう配慮することなどについて全教員に事前に指導しました。はじめは多くの教員から「学校の生活や学習の様子を保護者に知らせるのだから、いいことだけを記入するというのはおかしい」と反発されましたが、上記の保護者の子ども時代の思いを紹介し、「これがお母（父）さんの小学校時代の通知表だよと、我が子に見せられるような通知表にしてほしい」と説明しました。大部分の教師は納得してくれました。

③ 教員へのコメント

点検を終えて各教師に学級の通知表を返すときは、学級経営と教育活動へのねぎらいと感謝の言葉を書いたB４の紙を一枚渡しました。その中に、各担任向けに校長からの学級経営と教育活動に対する個別のコメントを書き添えました。もちろん、上記②の原則によりました。校長のコメントをニコリとしながら覗き込むようにして読んでいた教員の姿がいまでも浮かんできます。

（参考：拙著『小学校通知表の作成の仕方と記入の手引き』『中学校通知表の作成の仕方と記入の手引き』ともに明治図書、同『評価のコツと指導要録・通知表記入のポンイント』教育出版）

6章 保護者・地域編

1 家庭教育の手引き
――「乳幼児編」「小学生編」「中学生編」「青年編」の手引書の作成

昭和五十年代の後半は、暴力行為（対教師暴力や生徒間暴力）、学校間の抗争（集団同士のけんか、殴り込み）、器物損壊（施設・設備の破壊）、脅しや恐喝、万引き、暴走行為（無免許運転、暴走族とのつながり）など、中学校が荒れていました。

対症療法の限界

各学校では校長を中心として教師たちが体を張って、沈静化と再発防止の指導を行っていました。最初は、「校内規律の徹底と毅然とした指導」と「力で抑える対応」が中心でした。一定の成果は上がりましたが、毎年同じような状況の繰り返しで、教師集団はしだいに疲弊してきました。

生活指導を担当していた先輩のＡＴ指導主事は、「生活指導」の見直しと「わかりやすい授業の展開」が必要だと根本からの見直しを提案しました。対症療法の限界の指摘は、教育委員会と学校を冷静に課題と向き合うきっかけをつくりました。

保護者や市民を巻き込んだ取り組み

沈静化するための対症療法とともに、保護者や市民を巻き込んだ取り組みとして、家庭教育の手引書を作成することになりました。二十頁程度のイラスト入りのわかりやすい家庭教育の手引きを「乳幼児編」「小学生編」「中学生編」「青年編」の四分冊で作成し、それぞれ子どもの出生届をした際に両親に配付、小学校入学式で保護者に配付、中学校入学式で保護者に配付、中学校卒業式で保護者に配付しました。画期的なことで、新聞やＴＶで大きく取り上げられたことを記憶しています。

校内研究による授業力の向上

その後、各学校の校内研究や教育委員会の学校訪問による授業改善など、わかりやすい授業の実現に向けての取り組みも行われました。学校の生活指導や授業の工夫・改善、努力、保護者の家庭教育による協力などが徐々に効果をあらわし、六十年代の落ち着いた時代を迎えたのでした。

2　雨の中で立ちつくしたクレーム対応
――理屈より心情が解決を早めた保護者対応

ある保護者から強烈なクレームをつけられ、解決に難儀をしたことがあります。個人が特定されるといけないのでその内容には触れないことにします。

いったん解決

母親に来校していただき、事故発生の状況と学校の対応を説明し、了解してもらいました。と思っていたのは学校側だけで、翌朝、職員室で朝の打ち合わせを済ませて校長室に戻ると、「子どもの安全が保障されないかぎり登校させない」という抗議の手紙が机上においてありました。電話をすると父親は会社に出勤した後で、母親は「父親が怒っている。納得していない」ということでした。その後、家庭訪問するも父親と会ってもらえず、解決につながりませんでした。

売り言葉に買い言葉でいっそう紛糾

その後数日して、土曜日の朝、父親が突然来校し、手紙の内容を繰り返し主張しました。教頭を立ち会わせ、事の重大さの認識と謝罪を誠実に行い、学校としての当日の対応、今後の取り組みについて具体的に説明しましたが、理解が得られませんでした。子どもの登校については説得して、翌日より登校することになりました。後日、再度話し合うことにし、玄関に送る途中、「出るところへ出てもいいんだぞ！」すごまれたので、「学校として誠実に対応しているつもりです。あなた様の行動についてとやかく干渉するつもりはありません」と、つい口が滑りました。教育長に電話、東京都教育委員会や文部科学省へファックス送信などいっそう紛糾してしまいました。

教育長の指導

すぐに教育長から電話があり、「学校の対応は大筋で満足しているが、負けるが勝ちという落とし方もあるよ」と、意味深長な指導がありました。校長として大人げないと深く反省しました。

雨の中の対応

担任を同行して、さっそく家庭訪問をしました。大雨の中、こちらは傘もささず、母親が玄関の扉の隙間越しの話し合いです。父親は顔を出さず、母親が何度も往復しての話し合いが続きました。結果は「大雨に濡れての対応に免じて了解した」という、あっけない幕切れとなりました。

感謝の手紙

当該児童が卒業し、件の父親から封書が届きました。「また、何か？」と心配しながら開封しました。「さんざん迷惑をかけた息子が、学校の指導のおかげで無事卒業できました。感謝申し上げます」という内容で、ほっとしました。さっそく教職員に紹介し、今後の教訓としたものでした。

3　結局最初に戻った周年行事の会長
――長いものには巻かれ、しきたりに従うことも必要

周年行事は、学校にとっても、卒業生の多い地域社会にとっても、設置者としての教育委員会にとっても重要な行事です。ましてや創立一三〇周年ともなればなおさらのことです。

ありがたい配慮

小学校校長として、開校一三〇周年の記念すべき年に赴任しました。「後任の校長が采配をふるいやすいよう特にこれという準備は何もしてありません。思う存分に取り組んでください」と前任者からありがたいお言葉をいただいたのに、素直にお礼の言葉が出ませんでした。

創立一三〇周年を祝う会の発足

一一月の記念式典に向けて、学校としては「開校一三〇周年委員会」を立ち上げ、儀式的行事、記念誌の作成、子どもの活動などの計画を立て、短期間ではあるが無理なく集中して進めることにしました。一方で、恒例になっているＰＴＡや地域による「開校一三〇周年を祝う会」を立ち上げ、祝賀会をすることにしました。祝う会の設立と祝賀会については当然のこととして了解が得られ、委員も決まりました。ところが、まとめ役の祝う会の会長の選出が難航しました。有力

なAさんに依頼に行くとBさんがいい、Bさんはこさんがいい、CさんはDさんがいい、DさんはAさんがいいと、結局もとに戻ってしまいました。Aさんに再度お願いしたら、「それなら」ということになりました。会長が決まると、とんとん拍子で計画が進み、円満に運営されました。長いものには巻かれ、ゆずり合うというしきたりに従うことの大切さを学びました。

寄付金の辞退

難題もありました。一二〇周年のとき集めた寄付金の使途について、不満が残っていました(不正使用という意味ではなく)。この点については、「周年行事は教育委員会の予算の範囲内で行う」と、教育委員会がいち早く方針を示したので、学校としても祝う会としても助かりました。したがって、祝賀会は会費制として、教職員やPTA・地域住民、首長や教育長などからも会費をいただきました。

学校の歴史館の開設

児童による学校の一三〇歳を祝う行事、児童全員寄稿の記念誌、学校や地域の歴史学習などを計画的に進めました。その一方で、地域住民の協力を得て、学校の創立当時から現在に至るまでの写真や通知表、ランドセルや教具、本や雑誌、新聞、卒業証書、作文集やアルバムなどさまざまな歴史的史料を収集して「学校の歴史館」をつくりました。

4　地域に「ホウレンソウ」をして連携促進
――よき理解者はよき協力者に変わる

学校が「地域と協力・連携する」ということは、いまや誰もが口にする時代です。あなたの学校は、地域と好ましいかたちで協力・連携できていますか。筆者は、学校と地域の関係は、「よき理解者はよき協力者に変わる」を基本に考えることが大切だと思っています。

ところで、学校経営では、校長と教職員の間の「ホウレンソウ」の励行が重視されています。互いに「報告する」「連絡する」「相談する」ことが、情報の収集、判断の手がかりや根拠、悩みや課題の検討や指導・助言に大きくかかわり、重要な役割を果たすからです。

このことを校長時代に、学校と地域の関係にも当てはめて考えることにしていました。地域からの「ホウレンソウ」をきめ細かく求めるのは、実情から無理というものでしょう。そこで、学校が地域に対して「ホウレンソウ」を積極的に進め、学校の方針や実施していることを知らせ、理解してもらうように努めました。学校のことをわかってもらえるようになると、学校に対する地域の関心も高まり、協力してもらいやすくなってくると考えたからです。

地域に向けて学校情報を発信する方法として、学校便り、ホームページ、学校公開の案内、学校行事などの案内、地域の行事や諸会合への参加、タウン誌への学校紹介、地域のさまざまな組織のメンバーとしての参加など、たくさんあります。筆者には、学校便りを活用しての地域への「ホウレンソウ」を工夫して、案外うまくいった経験があります。

学校便りを地域に配布することは、なかなかうまくいきませんでした。従来は、学校行事に招待している方々、授業などに参加・協力してくださる方々などに限定し、主事さんが届けていました。限られた範囲でしか届けられなかったのです。

ある日、チラシを郵便受けに宅配する主婦のアルバイト姿を見て、この発想でやってみようと思い立ちました。学校便りをいつもの三倍ほど多く印刷しました。全校児童に各三部ずつ持たせ、子どもが通学していない近隣の家に配布させました。その際、「これは私の学校のお便りです。どうぞお読みください。これからずっと読んでください。私が届けます」と言わせ、読者を募集しました。児童の宅配制度が人気を呼んで、学校便りをさらに二倍くらい印刷することになりました。学校便りだけでなく、時には、保健便りや生徒指導便りも宅配しました。

予想以上の効果で、学校のことに関心が高まり、地域からの「ホウレンソウ」も徐々に出てきて、協力・連携の効果も現れてきました。くどいようですが、「よき理解者はよき協力者に変わる」を実感しました。お試しください。

5　投書されて教育長から口頭注意
――事実よりそういう状況を招いたことの反省を

あるとき、今の「なりすましメール」まがいに同僚の名をかたって「校長は、アルバイトの原稿を書いていて、校長室からほとんど出てこない。しかるべき指導をしてほしい」という趣旨の投書が、教育長にあったそうです。手紙は見せてもらえなかったので詳細はわかりません。

指導室長から教育委員会に出頭するよう電話で連絡を受け、指導室にうかがいました。指導室長から簡単な説明を受け、真偽のほどを確かめられました。教育長とは直接に会うことはありませんでした。

そのころ、雑誌の原稿を執筆することに特段の制限はありませんでした。筆者は、学校便りやＰＴＡ広報以外の原稿は、拘束されない日曜日の午前中に自宅で書くと決めて、午後は月曜日の児童朝礼講話の内容や次週の学校経営の計画を立てることを常としていました。また、１章の５に書いたとおり、児童には歓迎されましたが教職員からは内心うとまれていた「時間があるかぎり校内をウロウロ」していました。

この二つのことを指導室長に申し上げました。というより、話し出したらこれをさえぎるように「そういう問題ではありません。教育長のお言葉を伝えます。このような投書をされること自体が大きな問題だということを認識して、以後、学校経営に専念すべきです」と、平素温和な指導室長から厳しくご指導いただきました。「わかりました。（「これまで同様」と心の中で）全力を傾注して学校経営に当たります。ご迷惑をおかけして申し訳ありませんでした。教育長先生にもよろしくお伝えくださいさい」と申し上げてその場を辞しました。

以降、都・区校長会や都算数教育研究関係（区の事務部会の顧問をしていましたが、こちらは最後まで続けました）の組織の役職は辞し、顕彰も自分はそれに値しないと辞退してきました。

これは、天が、学校経営（児童の教育活動の充実とそれを実現する学校運営）に専念しなさいとこれからの生き方を示されたものと受け止めました。また、そのように考え、行動してきました。なかには、「学校では組織的な取り組みをと言いながら、学校外では一匹狼で、非協力的だ」と批判する校長もいましたが、甘んじて受けることにしました。

結果、ゆとりをもって物事を考察し、児童や教職員の息づかいを感じる近さで行動できることになり、充実した校長生活を送ることができ、退職後も生きがいを感じる毎日を過ごしています。多事多用の事柄に拡散して虻蜂とらずになることを予測して、筆者に的確なご指導を賜った教育長先生と、言いにくいことを率直にお伝えくださった指導室長先生に感謝しております。

6　届かなかった入学式の案内状
――自分の落ち度ではないが学校の不始末

四月一日、辞令伝達を終え、区教育委員会であらためて辞令交付と教育長講話をいただきました。ＴＴ教頭の迎えを受け、赴任先の学校に特別にタクシーで向かいました。玄関で、教職員全員とＰＴＡ役員が出迎えてくれ、「この学校のためにがんばろう」という気にさせてくれました。このような配慮をしてくださった前任校長に感謝しました。

夕刻、前任校長が来校され、筆者と一緒に地域のあいさつ回りをしてくださいました。町会や商店会その他学校に協力してくださる方々の自宅を訪ね、着任の挨拶をいたしました。先々代林家三平師匠の奥様海老名香葉子さんの「新聞で見ましたよ。新しい小島校長先生ですね。（下町の学習院を）よろしくお願いします」をはじめ、みなさんから温かく迎えていただきました。

ひととおりあいさつが済み、さて、明日からいよいよ本番だと退勤しようとしているところに、教頭あてに電話が入りました。留守だったA氏からでした。さっそく、夕刻の欠礼をお詫びし、着任のご挨拶にうかがいました。そこで、A氏から出た話に驚きました。「今年は入学式の招待状が届いていない。卒業式の招待状は来たのに、入学式の招待状が来ないのは、小島校長の何か意図がおありですか？」というものでした。

内心、そのようなことはないはずだと思いつつも、「それは大変申し訳ありません。新米校長の早々の大失敗です。ご協力者のAさんに、失礼をしてすみません。心からお詫び申し上げます。さっそく学校に戻り、あらためて招待状をお持ちいたします」とその場を繕い、招待状をお届けしました。

教頭の話によると、卒業式と入学式の招待状は一緒に、三月上旬に届けてあるということでした。それでも、入れ忘れたという可能性は否定できないと言うと、記名した封筒、記名した卒業式招待状、記名した入学式招待状の三つを組にして会議室に一列に並べて順次封筒に入れていくので間違いは起こり得ない、三つの組み合わせすべてが抜ける可能性は否定できないとしても、一部だけ欠落することはあり得ないということでした。

このことは、その後も尾をひき、学校との関係がギクシャクしました。B氏が仲介の労を執ってくださり、一席設けて、あらためてお詫びし、ほどなく関係を修復できました。

その後、前任校長の名前で、卒業式と入学式の招待状が一緒に送られていたという事実がA氏の耳に入り、その上どこからか出てきたのだそうです。「新任社長の責任ではないのに謝らせてしまって……」と、A氏はえらく恐縮していました。でも、その後の協力ぶりは、すばらしいものでした。

7　前代未聞といわれた卒業謝恩会の辞退
――謝恩に値しない教育実践を深く反省

十年以上前には、卒業式に関連した行事はいろいろありました。五年生を中心とした児童会主催による「卒業生を送る会」、六年生が主催する元学級担任など旧教職員や現教職員及び保護者対象の「感謝する会」、そして卒業生保護者による旧教職員、現教職員を招待しての「卒業謝恩会」が行われていました。

この年（筆者が赴任した年）は、四月当初から六年生の指導がうまくいきませんでした。授業崩壊、教室や学校からの抜け出し、度を越えたいたずらなどが日常化し、指導をしても効果が上がらない、対応してもその直後に再発という状況で学年教師も管理職も疲労困憊の毎日でした。

四人の学年の教師は優秀でチームワークも良好、教材研究もよくするし、授業の準備も万全、授業も一定のレベルを超え、児童のノートや作品をよく点検し、コメントも優れていてよくほめ注文もつけていました。それなのに、なぜ荒れていたのでしょうか。

ただ一つだけ要因らしいものがありました。それは、「子どもの主体性尊重」でした。子どもの主体性を尊重することは、もちろん教育的に適切な考え方だと思います。しかし、子どもが主体性を発揮しやすくなるための指導や、あらぬ方向に主体性が発揮されそうになったときの軌道修正をするための指導が不十分で、「無軌道」を誘発し、わがままと独善を増幅することになったのかもしれません。荒れた学級・学年にありがちな暴力といじめの蔓延するようなことだけは防ぎたいと必死にがんばり、なんとかしのげました。結果的には、大きな事故が起きない程度の効果しか上げられず、校長失格の一年間でした。

ゆえに、謝恩に値する教育ができていないのだから、それを受ける資格がないということで保護者会主催の「卒業謝恩会」を辞退申し上げました。次年度以降、教職員の真摯な受け止めと努力によって、安定した学校生活と学習活動が復活しました。しかし、ものの行きがかり上、筆者が校長時代は「卒業謝恩会」は行われませんでした（代わりに、保護者と児童で卒業を祝う親子会食が行われていました）。そこまでしなくてもという声は、校内にも、保護者からも、地域からも直接・間接に聞こえてきました。でも、学校（管理職・教職員）は、「自分に厳しく、子どもに優しく」をモットーに、教員は「児童の教育をつかさどる」、校長は「校務をつかさどり、所属職員を監督する」ことをきちんと行い、質の高い教育を保障することが実現できない以上、判断を変えることはありませんでした。

（参考：拙著『授業崩壊——克服への学校経営的アプローチ』『学級経営の悩み相談』ともに教育出版）

8　がっちり握手した研究発表会
――十年前より発展した研究発表会を保護者と喜ぶ

筆者が最後に校長を務めた根岸小学校の大きな変化は、東京都教育委員会教育課程実験学校（昭和四五～四八年、校長伊藤一郎）の研究と発表をきっかけとして起こりました。

このことが契機となってその後、研究が盛んになり、文部省小学校教育課程研究指定校（平成二～六年、校長三浦健治）の研究と発表によって盤石のものとなりました。この流れの上に乗って、「研究の学校」と「質の高い教育活動」は伝統になったように思います。

平成一一年からは総合的な学習の時間の先導的な試行を開始しました。そして、文部科学省教育課程開発学校として、「総合的な学習の時間の目標、指導内容、指導計画、指導法、評価など」についての研究開発を行いました。

この成果は、平成一三年一〇月二六日に千六百人を超える参観者を迎えて全国に発信されました。その内容は、「2002根岸教育プラン」「2003根岸教育プラン」に整理され、教育計画のひとつのモデルになっています。

その後の校長にも「研究の学校」と「質の高い教育活動」の伝統は引き継がれています。最近では、東京都台東区教育委員会研究学校（校長高橋武郎）として「みがく・かかわる・未来をひらく『キャリア教育』根岸プラン２０１２」を発表（平成二四年二月一〇日）しました。現在の重要な教育課題の一つであるキャリア教育について小学校におけるあり方を追究し、全教育活動との関連において総合的にまとめたもので、注目を集めています。

発表会当日、筆者もそっと参加して勉強させてもらいました。筆者がかかわった「２００２根岸教育プラン」「２００３根岸教育プラン」の時代の基本理念を踏襲しつつも、その中に新しくブレンドした教育を入れたもので、参加した多くの人が満足顔で児童の活動と教師の指導ぶりを参観し、協議会に参加していました。

授業参観で各教室を回っている折に、多くの元同僚と再会し、ハグこそしませんでしたが当時を懐かしみ、かつ今日の隆盛を喜び合いました。当時、ＰＴＡの役員として学校運営を支えていただいた方々にもお会いしました。「Ａ（Ｂ、Ｃ、……）さん、ご無沙汰しています。いい発表会で、当時を思い出しますね」「先生、しばらく。根岸のよさがまだ続いていてうれしいわ」と、どちらからともなく手を出して、がっちり握手をしました。

「私たちのときは、がんばったわよね」ではなく、「あのころよりも、もっとよくなっていて、うれしい！」と素直に喜べる状況は、すばらしいことです。現在の教職員に万歳を送ります。

7章 上司・先輩・同僚編

1 上司の校長から教わったこと
――教職員をほめる、価値付ける、登用する、指導し・支える

筆者は教員時代、五人の校長先生（順不同：西田キミ先生、田山暢男先生、渡辺孝三先生、伊津野朋弘先生、菊池光秋先生）にご指導いただきました。それぞれの校長先生からご指導いただいた多くのことを、筆者が管理職になったとき、思い出しては真似をさせていただきました。

立場を与え、力を発揮させ、さらに向上させた（西田先生）

校務分掌は教職員に任せるという時代に、「この仕事は誰々に」と校長の考えをはっきりと示されました。立場を与え、力を発揮させ、さらによい仕事をしようとがんばらせました。

いつもニコニコ顔でほめて、やる気にさせた（田山先生）

教育委員会の訪問があったとき、校長室に呼ばれ、「この先生は、このような学級経営案を作り、子どもをよくまとめています」などと、よくほめてくれました。そして、あとでそっと、ここをこうするともっとよくなるよ、と注文もつけてくれました。

明確に指導し、支えてくれた（渡辺先生）

昭和三十年代に、学校経営に「ＰＤＳ理論（現在のＰＤＣＡまたはＲＰＤＣＡ、ＲＶ・ＰＤＣＡ）」を取り入れた先生です。教育法規の専門家でもあり、何事も理論的に明確に指導してくださいました。筆者が指導主事になってからも、さまざまに生ずる諸問題の相談をすると、翌日には速達が届きました。

全幅の信頼を寄せられ、それに応えようとした（伊津野先生）

人格者で、どのように紛糾している揉め事もこの先生が間に立つと円満に解決しました。「あなたならできるよ」と信頼されるとその気になって、なんとか応えようと必死になりました。

コミュニケーションの何たるかを示してくれた（菊池先生）

具体的にこれということはないのですが、世間話のような雰囲気に引き込まれ、そうこうするうちに「こうやったら……」と形が出来上がるような術（わざ）を持っていました。根回し上手で、いつの間にか喜んで「神輿」を担がされていました。

2　先輩教師の善意の「お節介」
――後輩に関心をもち、あれこれ指導・助言・示範する学校文化

朝の更衣室、休憩時間の廊下、放課後の職員室など、どこでも先輩が後輩に善意のお節介を焼いて、あれこれ指導してくださる学校文化が存在していました。当時のことを思い返して、筆者は、教職員の間に、先輩が後輩を指導し、後輩は先輩から教わるという学校文化を醸成することを心がけました。教育委員会主催の研修や校内研究などの公式な研修の機会に合わせ、隠れた日常的なヒドゥンカリキュラムとしての「学校文化」が必要だと思っています。特に、未熟で悩み多き若手教師を孤立させず、落ち込ませず、前向きにしていくために。

運動場の体育の時間

運動場で体育の指導を終え、着替えて職員室に入ると、待っていましたとばかりに「小島さん……」と、指導の仕方や笛の吹き方など、指導技術の基礎・基本を教えてくださいました。

先輩が廊下を通った時

先輩が廊下を通りました。何か言われるなと直感しました。案の定、「あれは板書でなくて落書きだ。板書の機能には五つあって……」と、丁寧に教えていただきました。

空き時間の授業参観

頼みもしないのに、空き時間になると授業参観（観察）に訪れ、導入の仕方、発問の仕方、児童の考えのまとめ方などを授業の流れに即して具体的に指導してくださる先輩もいました。

放課後のストーブ談義

放課後の職員室では、達磨ストーブで焼いたスルメをかじりながら、先輩の自慢話（？）を聞いたり教育談議をしました。ほとんど聞き役でしたが、多くのことを耳から学びました。

一つの質問に複数の回答

悩み事を口にすると、「なになに……？」と聞きつけ、何人もの先輩から「こうしたらどうか」と複数の回答が寄せられることも多くありました。抱え込まなくて小さな悩みですみました。

酒屋での指導

退勤時刻が過ぎると、最寄駅の居酒屋で先輩からの指導（酒導）がよくありました。飲みながら上の空で相槌を打っていることもありましたが、世間のことをたくさん学びました。

本を貸してくれた

「これはためになる本だぞ」と、よく本を貸してくれました。先輩に追いつきたいと背伸びをして読みました。その中の何冊かは自分で買い求め、いまでも読み返している本もあります。

3　空き時間に授業観察をして厳しく指導

――専門性をきめ細かく指導してくださった二人の先輩

最初の学校では、教育委員会指定「算数科の文章題」の研究をしていました。二校目では、自主研究「豊かな人間性の育成」を進めていました。このとき出会った二人の先輩教師から、「教師とは」「授業とはどういうものであるか」という根本をご指導いただきました。筆者は校長になって、このような雰囲気の学校になるようにと努力しました。

授業展開の基本、問題解決学習の意味

偶然にも、学級担任をした学校では、問題解決学習の研究に隅のほうでかかわりました。授業の展開の基本「つ・よ・し・た・あ・ま」、すなわち「①つかむ（課題把握）→②予想する（見通しをもつ）→③調べる（自力解決）→④確かめる（学び合う・知的コミュニケーション）→⑤当てはめる（学び合った一応の結論を当てはめてみる）→⑥まとめる（学習のまとめ）」をたたき込まれました。

先輩の三石仁先生も、小林森先生も、空き時間に授業観察をしてくださり、問題解決学習の理論と実際を、筆者のつたない授業展開の事実に基づいて、具体的に教えていただきました。筆者も時間を見つけては先輩の授業を見せていただき、必死に勉強させていただきました。

単行本への寄稿

まだ青二才のころ、勉強になるからと勧められて、算数の実践例を執筆することになりました。これは、力不足（力なし）の筆者にとっては無理・無謀なことでした。蠟《ろう》原紙に鉄筆で筆耕して印刷する時代でしたから、もちろん原稿用紙に鉛筆で書きました。

三石先生には、自分の文章で残ったのはタイトルだけというくらい何度も添削してご指導いただきました。小林先生からは、文章の構成の仕方を基本から教えていただきました。

学習評価のあり方と数学的な考え方の指導

昭和四十年代のことです。いまから思い返してみると、先輩からご指導いただいた学習評価のあり方は「ＰＤＣＡのＣＡの重視」、すなわち「指導と評価の一体化」のようなものでした。また、先輩が口角泡を飛ばして語る「数学的な考え方」は、片桐重男先生の「数学的な考え方」そのものでした。自分はなんと恵まれていたことかと感謝・合掌です。

研究発表の機会はゆずって、掲載の機会を斡旋

研究発表会も何回か経験しました。全体発表では、いろいろなかかわりで先輩に発表してもらうということもありました。自信のなかった自分としては、むしろほっとしたことを覚えています。その後、ある雑誌に研究内容を掲載する機会をつくってくださいました。先輩の、その場かぎりでない物事の進めぐあいと配慮に多くを学びました。

4 青春時代の同僚とのやりとりの中で成長
――基礎づくりになった同僚との認め合い・助け合い・知らん顔

新卒一校目の学校（一八学級）では、石橋久司（社会）さん、木下邦太朗（天文）さん、山本孝夫（音楽）さん、牛山瑞穂（理科）さん、原田喜夫（学校事務）さんなど、筆者（算数）を含めて経験五年未満の教員が十人ほどいました。現在の東京都の状況とよく似ていました。

退勤後のひと時を喫茶店に集い、それぞれが関心をもっている得意分野のこと、子どもの扱いのことなど、あれこれと話し込んだものです。時には、批判し合って気まずくなることもありました。しかし、たいていは、駄洒落交じりの雑談が多く、その中に時折真剣なやりとりがあり、異動で離れ離れになっても、いつもの焼鳥屋に集まって情報交換したものでした。

二校目の学校では、大場晃（体育）さん、武田弘（社会）さん、横山正（理科）さんなどと、教科の枠を越えて国分寺や武蔵小金井界隈で一献傾けながらつきあいました。大場さんとは、ともに少年サッカーの面倒を見ていて、土日がないようなものでした。そのころにしては珍しい女子チームもありました。そのチームの名は「なでしこ」でした。そこで活躍した当時六年生だったSGさんは、いまや杉並区立小学校の副校長をしています。

長田耕一さん、世古潤さん、木村洋子さん、山岸寛也さん、稲垣悦子さん、笠井健一さんなどとは算数教育の研究を通してのつきあいがありました。また、東京学芸大学の四つの附属小学校の合同研究会が月一回行われ、そこでは、川口廷先生、中島健三先生、杉山吉茂先生など、日本の算数・数学教育を牽引していた先生方から直接ご指導をいただく機会があり、幸せなことでした。また、これと目的もメンバーも指導者も同じ自主的な研究会（目白の会）があり、大学の先生や先輩方のご指導を得て鍛えていただきました。いまでも感謝しています。

これらさまざまな交流で共通していることは、教育全般のこと、教科教育のことについて学び合ったことです。基礎的なことを磨き合ったと思います。また、それぞれの考え方や実践の工夫を認め合い、惜しみなく賛辞を送り合いました。教材研究や校務分掌の処理でも助け合いました。でも、ゆずれないこともあり、それは暗黙のうちに尊重しつつ知らん顔をしました。よき同僚、よき仲間だったと、ふと回想にふけることがあります。

ですから、校内における若手と先輩の関係を好ましいものにしていく一方で、若手教師が適当にインフォーマルなグループをつくり、楽しみ、支え合うようにしていくことも大切なことだと思います。そういう意味合いで、このようなことに配慮することも、校長や教頭に求められることの一つだと考えるようにしました。

8章 教え子編

1 最初の教え子は五六歳、今は飲み仲間
――「みんな公平、仲よく」は、学校経営の基本でもある

学級担任として、二つの学校の八学級で二六五人の児童とかかわってきました。筆者は、いつまでも未熟で、満足な学級経営も教科指導もできなかったと、今になっても後悔しています。

古希を過ぎた今、昔のアルバムや文集に目を通しながら、あのころの子どもたちとの学校生活や授業風景を思い出し、至福の時間を過ごすことが多くなりました。教え子は、どの子も孫に次ぐかわいい存在で、宝物です。

その中でも、最初に出会った子どもたちとは、小学校卒業以来ずっと、年に一、二回クラス会

を開いて会っています。いまや五六歳、教え子も孫のいる年ごろです。

小学校時代から習字が上手だったYNさんの個展を鑑賞するのを名目に東京都美術館で待ち合わせ、上野界隈で飲み会をしています。中学校生活の悩みや楽しいことのあれこれ、中卒で就職した人の仕事ぶり、高校生時代の恋愛の話、高卒で就職した人の人生の話、大学時代のサークル活動や専門分野の難しいやりとり、そしてすべての者が社会人になったときの話題の豊富さ、やがて結婚・子育て・勤務先での人間関係など、時につれ話題が変わってきました。

また最近は、小学校低学年から始めた趣味のプラモデルづくりが高じて、現在日本プラモデル愛好会の会長をしているHM君の、年に二回の展示会にも都合のつく者が集まって、作品鑑賞の後は北千住界隈で一杯やりながら談笑しています。

「どの子にも厳しく、どの子にも優しく、公平だったから、みんな集まるのよ」「小学校のクラス会が何十年も続いていることに、他の人はみんな驚いている」という教え子の言葉に励まされ、どの会にも参加できる心・身・頭（？）の健康に気をつけている昨今です。

このような体験を通じて筆者は、校長として、一緒に学校運営と教育活動に当たる教職員の誰に対しても「厳しさも優しさも公平」を基本にしてきました。ただし、力のある優秀な人にも注文をつけたので、二度と顔を見たくないと言う教職員もいました。不徳の致すところです。

2 負うた子に浅瀬を教えられ
――自分を越える人材の育成が校長の仕事

教え子は、さまざまなところや分野で、その子らしく生きています。自分のことのように、我が子のことのようにうれしく思っています。

「それは患者の権利です」

癌になったときのことです。教え子が「先生、これはS病院の○○先生が専門だから紹介状を書きます」「え!」「患者には最良の医療を受ける権利があります」ということでした。すばらしい医者だと思わず涙がこぼれました。

「経営にも数学が必要だ」

父親の事業を引き継ぎ、不況の中であえぎながらやっと難局を乗り越えた教え子がいます。父親は業界でもトップクラスの経営者でしたが、判断のよりどころは直感だったようです。教え子は、数学の統計理論を取り入れ、論理的・合理的に進めて将来展望が開けてきたそうです。

「職人だからできるよ」

室内装飾業の経営者兼職人の教え子がいます。顧客のニーズが多様化、特殊化（わがまま化）

しているそうです。でも、「先生はできない子をできるようには、なかなかできないよね。おれはお客の要求には九九・九％応えられるよ。職人だから」という自信に頭が下がりました。

「ＩＣＴは道具だからね」

筆者が最近のＩＣＴ化についていけない話をしたら、「単なる道具だよ。使い方の基本を覚えて、後は自分で使いながら……。先生、あのころ俺たちに、言ってたよ」には参りました。

「世界が市場（活躍の場）だよ」

教え子の一人が「そのうち経済や文化などに国境がなくなる時代になるよ。国内で、たとえば青森県と鹿児島県は競争はするけど対立はしていないように」と力説していました。同席していた多くの人が、今すぐには無理だと言いつつも納得してしまいました。

今は、教え子に教えられ（負うた子に浅瀬を教えられ）ている心境です。担任の仕事は「子どもたちが、自分の人生、自分のやるべきこと、自分の幸せをつかみ、その子らしく生きていける『学力・徳力・体力』を育てること」だとつくづく思います。

ところで、同様に校長の仕事は、仕事（学校経営や質の高い教育）をする一方で、自分を越える人材（教師、ミドルリーダー、管理職、指導主事等）を育成することだと思います。

3　教師として活躍している教え子
――今の自分の後ろ姿が、未来の教師・校長を育てる

教師として活躍している教え子もいます。何人かの例を紹介します。

学級担任に徹している教師

笑顔がかわいらしくて音楽が得意だったＭＦさんは、小学校の教師になりました。子どもと直接触れ合う担任の仕事に情熱を燃やしてがんばっています。海外生活の経験もして、基礎学力だけでなく、人間教育もしたいと工夫しているそうです。

特別支援教育に情熱

小学校の担任教師になったＴＫさんは、今は特別支援学級の担任となって、子どもたちが今を楽しく過ごし、そして将来自立した生活ができる（人生が送れる）ようにと打ち込んでいます。少しずつ成長する姿に、生きがいを感じているそうです。

指導主事として奮闘中

ある教育委員会で指導主事をしているＭＵさんは、若手教師の育成に奮闘しています。子どもに質の高い指導をするためには、教師の資質向上が鍵を握っていると確信したそうです。いつか

は、自分も管理職としてすばらしい学校経営がしたいという夢をもって精進しています。

副校長としていい仕事

ＳＧさんやＨＫさんは、新米副校長として校務に追われる毎日です。その中で、校長先生の学校運営の役に立つように、教職員が気持ちよく仕事ができるように、子どもたちが楽しく学習できるようにとがんばっています。きっといい学校経営者になると思います。期待しています。

校長として活躍

若くして校長になっている者もいます。基本を踏まえつつ、大胆に学校経営をしていることに、筆者は学校の未来を明るく展望しています。若手校長には未来を語ってほしいです。

東京都立教育研究所の小中学校研究室に勤務したことがあります。そこで、教育委員会や所属学校長から優秀と認められている教師数百人に対してアンケートや面接調査をし、どのような過程で「優秀教師」に成長したか研究するプロジェクトに加わったことがありました。

その結果、子ども時代に「いい授業（指導）をする教師」に出会っていること、教職に就いて十年以内に「基本を指導し、意欲付ける先輩、指導主事、校長・教頭」に出会っていることを示す回答が、八〇％を超えていました。これには驚き、かつ納得しました。今現在の担任教師、指導主事、教頭、校長の仕事ぶり、かかわり、立ち居振る舞いが、未来の教師や校長を育てているのだと思います。

4　がんばっている「教え子もどき(?)」
――校長、教育長などで活躍している人から、今も学ぶことは多い

教え子ではないが、それに近い「教え子もどき(?)」の人（本人はそう思っていないかもしれない）で活躍している人もいます。学びの場があること、場を与えることの大切さを痛感しています。

教育実地研修（教育実習）

東京学芸大学の附属小学校に勤務していたことがあります。十年間におよそ二百人（二学期に八人ずつ二回、三学期に四人）の学生と教育実習でかかわりました。筆者は、未熟なくせに注文ばかりつける指導教官だった思います。しかし、そのころの学生は純朴で研究熱心、担任の筆者より子どもに慕われ、結構いい授業をしていました。

A市のB先生は、少人数指導担当としていい実践をしています。C市のD校長は、研究を特色とした学校経営で指導力のある教員を育て、質の高い教育を展開しています。E区のF教育長は、学校の教職員と児童生徒に密着した活力のある教育行政を進めています。G市のH教育長は、厳しい条件の中で現場に密着したぬくもりのある教育行政を進めています。これらの人に共通して

いることは、「有能であることプラス明るく、元気、前向き」だということです。

教育研究生

東京都教育委員会の教育研究生との出会いもあります。三年間十二人の研究生に共通していることは、「課題（テーマ）を見つける、文献で検索する、過去の事例を分析する、アンケートなど統計的に情報の把握と分析をする、解決（研究）の仮説を立てる、解決の計画を立てる、試行する、評価し修正する、……」ということを地道に行っていることです。ややまじめすぎる面はありますが、現在、管理職として、すばらしい学校経営をしています。

教育研究員

東京都には、かつて教育研究員制度（第五〇期で終了）がありました。筆者は、算数科で一〇五人（第三一～三三期）を担当しました。「数学的な考え方を育てる指導法の研究」をテーマに、ＡＢＣＤ四領域と問題解決の五つの分科会に分かれ、研究員の主体的な研究を中心に進めました。授業を通しての研究を月例会で進めることになっていましたが、ほとんどの分科会は週一回の自主研修会を勤務時間外に行っていました。算数科の研究はもちろんですが、さまざまな学校の実態に触れて視野が広まるとともに、人間関係や教育実践でのネットワークは、その後の教師生活、指導主事や管理職になってからの仕事に役立っていきました。いまでも、そのころの研究員とは、随時加わる若手教師も含めて、算数教育の研究を土曜日の午後に継続しています。

9章 仕事経験編

1 小学校教師で経験したこと
――四つの心得「愛情・尊敬・感謝・寛容」

二つの小学校で一六年間、担任教師をしました。そこで出会った保護者のＨＫさんと、指導主事の笹井昭二先生のことが、強く印象に残っています。教育委員会に勤務しているとき、また校長として学校経営に当たっているとき、この二人から学んだことは多くの場面で役立ち、救われました。以来、自らの言葉のごとく、「子どもには愛情、……（後述）」と後輩に伝えてきました。

酒は自慢にはならない

あのころは、入学式、ＰＴＡの歓送迎会、卒業式、新年会など、保護者や地域の人と学校（体育館や会議室）で小宴会を行うことが慣例になっていました。

ある会で、酒がどのくらい飲めるかという自慢話になりました。筆者は強いほうではありませんでしたが、けっこう飲めるということで話題になりました。散会後、学級委員だったＨＫさんから「先生、大酒が飲めることなんて自慢にならないよ。この前、夜遅く三河島駅近くでふらふらしていたでしょう。恥ずかしいからやめてください。担任の先生は教え子の手本ですよ」と厳しくさとされ、以後気をつけるようにしました。校長時代は特に気をつけました。

四つの心得

若手の教師で「算数を勉強する会」をつくり、夕刻五時半ごろから自主研修をしていました。無茶を承知で教育委員会の笹井先生に講師をお願いしたところ、快く引き受けてくださり、月一回直接ご指導いただきました。数年間続きました。そのころの仲間（筆者を除くＫＨさん、ＹＩさん、ＳＴさんなど）が、東京都算数教育研究会などで中核として活躍しました。

算数のことはもちろんですが、笹井先生から「子どもに愛情、上司に尊敬、同僚に感謝、保護者に寛容」と、四つの心得を教えていただいたことがその後の指針となりました。校長になってからは、「子どもには愛情、上司には尊敬、教職員には感謝、保護者・地域には寛容」と少し変えて、自らの戒めとしていました。諸会合の挨拶の中でも多用し、賛同を得ました。

2　市の指導主事で最初に学んだ経営術
――根回しとしての「ホウレンソウ」の効果

昭和五十年代の中ごろ、東海沖で大地震発生（今の南海トラフ大地震、東京直下型地震に当たる）のおそれがあると大騒ぎになり、市教育委員会として「防災教育指導資料」を作成することになりました。早速、新米指導主事の筆者は、先輩のＡＴ指導主事からご指導いただき、原案を作成しました。作成の目的、作成のスケジュール、予算、作成の組織と委員構成、資料の体裁、内容構成などについて、いいものができたと内心自負していました。

そして、五月の市教育委員会主催の定例校長会で説明し、事業への協力を依頼しました。ところが、校長会長から「必要なことは理解できるが、いきなり言われても無理があり、協力しかねる」という厳しい発言がありました。ＡＴ指導主事のとりなしもあって、要検討ということで内容等についてもう少し詰めていくことになりました。

前年度に、小学校と中学校の自主校長会に別々に出向いて概要はお願いしてあったものの、年度が改まったのでもう一度手順を踏むことになりました。つまり、「依頼事項の概要の予告→原案作成→校長会に原案の打診→定例校長会で説明・了承→作成のための行動開始」という手順が省略されていたことが招いた停滞でした。

小学校長会長、次いで中学校長会長の順に、事業の概要について説明とお願いにうかがいました。その後で、小中学校の各校長会に打診する手はずでした。

ところが、二人の会長は、担当指導主事（筆者）が訪問したところ、説明を待たずに「定例校長会で説明があったとおりで、どうぞ進めてください。防災教育は重要なことなので、校長会を挙げて全面的に協力します」と、わずか一〜二分で終わりとなりました。「手順が前後して申し訳ありませんでした。どうぞよろしくお願いします。新米指導主事でわからないことだらけです。ご指導のほどよろしくお願いします」と丁寧に挨拶をしてその場を辞しました。

なぜこうなのかと事の次第を振り返りました。ＡＴ指導主事からも、物事の進め方についてご指導いただきました。内容がよければ、余計なことは絡めずに、ただひたすら実現に向けて知恵を絞り、汗をかき、突っ走るものとしてきた若気の至りと深く反省した次第です。昨日のことのようにほろ苦く思い出します。

そして、「報告、連絡、相談」すなわち「ホウレンソウ」が、根回しとしてきわめて大事だと実感しました。「私は聞いていない」「これは初めて知りました」という台詞が大きなブレーキになることを肝に銘じて、以降の仕事を進めました（もちろん内容が一番大事です）。

3　都の指導主事で学んだ経営術
――「ホウレンソウ」の味つけ

東京都教育庁指導部（初等教育指導課）で三年間、指導主事をしていたことがあります。教育長、部長、各課長、各主任指導主事の識見の高さ、考察する視点の多様さ、情報収集、企画立案、課題（問題）への対応処理の迅速さや適切さ、関連資料の分類整理と活用など、筆者には別世界のことで、理解不能、真似は無理、ただ上司の指示に従ってウロウロの三年間でした。

この職場では、かぎりなくたくさんのことを体験し、学ばせてもらいました。その中で、物事を円滑に進めるための二つの体験を紹介します。これらは、後に学校や研究所などを経営・運営していく「経営術」として、大変役立ちました。

間接的「ホウレンソウ」の失敗

ある事柄をお願いしたいと、ある会の会長（中学校長）に連絡を取りました。あいにく留守で、「……についてご依頼申し上げたいので、訪問して直接お願いしたい。後ほどまた電話をさせていただきます」と、教頭に訪問目的の概要を伝えました。

帰校する頃を見計らって再度、電話をしました。今度は在校していました。「午前中、お留守でしたので、要件の向きは教頭先生にお伝えしておきましたが、ご都合はいかがでしょうか」と切り出したところ、「私は何も聞いておりません」「教頭先生に……」「だから私は、聞いておりません」、そこで、「申し訳ありませんでした」といったん電話を切りました。

一時間後、あらためて電話をし、「私はこういう者です。○○の件について、会長さんにご依頼したいことがあり、訪問して直接お願いしたい……」と切り出したところ、さっきのことが嘘のように、とんとん拍子で交渉成立、絶大なご協力もいただけました。

「ホウレンソウ」に味つけをする

ある難しいことが起こり、処理に難儀をしました。もちろん、過去の経験を基に「ホウレンソウ」は励行していました。この中で、筆者は次のことを実感しました。それは「ホウレンソウ」をそのまま食べるのではなく、時に味つけをすることも大事だということです。

その一は、「ホウレンソウ」が形式的になっていないか振り返り、こまめ（小豆）に「ホウレンソウ」を行うことが交渉の効果を倍化します。

その二は、「ホウレンソウ・小豆」の経過・議事等を記録しておくことです。記録がないと水掛け論になって堂々巡りになり、改善策につながりません。つまり、「記・ホウレンソウ・小豆」が大切です。校長時代にも励行しました。

4　昔、東京にも教育研究所があった
――研究しなければやがて泉は涸れる

随分前に、仄聞ですが「教師は専門職だから、必要なら自分で研究し、研修をすればよい」という意見があったそうです。最近でも、「成果（学力向上）が上がったという裏付けのない校内研究に予算措置をするのはいかがなものか」という考えも出ているそうです。

公金を投じるのですから、結果責任を求めるのは当然のことです。でも、結果とはどのようなことか、本当に成果がないと即断し廃止してよいものか、慎重かつ十分な吟味が必要です。地方公務員法第三八条を持ち出すまでもなく、教育委員会が機会を与える研修とＯＪＴとしての校内研究は必要で、廃止の前にその内容・方法の検討が大切だと思います。

基礎研究の必要性

基礎的な研究があって、その成果を基に実用化していくのは、産業界の一般的な道筋です。これは教育についても言えることで、大学等における理論的な研究がそれに当たります。その理論を学校現場の実践に実用化する研究があります。あるいは、学校現場の課題（問題）を解決するためどうするかという具体的な研究もあります。現在、学校で行われている学校運営や教育活動

を改善するための事例研究も必要でしょう。

それなのに、基礎研究を抜きにして、講義式の研修会を実施するだけでは限界があり、科学的な蓄積が取り崩され、やがて経験則だけに基づく発展性のないものになることを恐れます。

研究の足跡としての研究紀要

最近の校内研究の紀要は、数ページの簡略なものが目立ちます。わかりやすく、見栄えがよく評判も上々です。しかし、簡略な紀要を見てわかる人はその研究に直接かかわった教師だけです。その真髄を理解でき、継承できる外部の教師はまれです。

やはり、研究の過程と結果を示す詳しい記録が必要です。そうすれば、研究の成果に学び、そこから研究の積み上げができ、ゼロからのスタートを防ぐことができます。また、批判的に読み込み、新しい視点から高めることもできます。そんな意味で、筆者は、若手教師の研修の手がかりとして、研究を継続・発展させるために、分厚くて一見やぼったい研究紀要を評価します。

研究の中で教師が育ち、そして子どもが伸びる

校内研究をがんばっても、その成果は一部の人の手柄に利用されるだけだと反対する時期がありました。校長はリーダーシップを発揮して、「子どもに質の高い教育を保障する」ため、校内研究を「教師の力量を高める」ものにしていく必要があります。

5　教育課題対応のスタートに立ち会う

――初めの一歩を拓く発想と粘り強さが学校経営にも生きた

教育にかかわって、もうすぐ五十年になります。その間、多くの教育課題と出合い、それを学校に持ち込み、教室の中で、子どもの学習活動にするために考え、行い、振り返り、改善していくという営みを続けてきました。それらの中で、特に印象に残る課題への対応を振り返ってみます。校長として、大小さまざまな課題に対応するときの発想のよりどころとして役立ててきたつもりです。

教育の現代化

昭和四三年改訂小学校学習指導要領では、「教育の現代化」が重視されました。特に数学の現代化の影響を受けて、算数科に集合、合同、関数などが導入されました。多くの教師は、いままで学習したことのない内容に戸惑いました。しかし、そのころの教師は、午後五時半からの自主研修会に参加し、今日学習したことを翌日、子どもに指導するという離れ業を実行しました。

学習能力の評価

昭和四十年代の後半は、学習評価の研究が先導的に行われました。いまでは当たり前になっていますが、「何を評価するか（評価の観点、評価基準）」「誰が評価するか（評価の主体：教師の評価、子どもの自己評価）」「どの場面でどのような評価用具を用いるか（評価機会と方法）」「評価をどう活用するか（評価の処理・活用）」などについて、試行錯誤で進めました。このころ、通知表や指導要録のための評価から、学習活動への活用に目が向けられるようになりました。

豊かな人間性の育成

昭和五二年改訂小学校学習指導要領では、「人間性豊かな児童生徒を育てること」が重視されました。学校の教育目標と各教科等の関係が検討されました。たとえば、算数科では、算数科の目標と学校の教育目標とを関連付け、「算数の学習を主体的に進められる子」「算数を創り出す頭の働かせ方（注：数学的な考え方）を身に付けた子」「価値あるもの、有用なものを識別・選択し、確かな知識・技能を身に付けた子」ととらえて実践しました。学校の教育目標が校長室の額の中から教室へ出た最初だと思います。

そして、「ゆとりある、しかも充実した学校生活」も強調されました。改訂前の学習指導要領では六学年で授業時数は週三三時間（水曜日以外は毎日六時間、土曜日も四時間）ありました。それが週二九時間に減りました。でも、在校時間は同様なので、ゆとりの時間の活用ということで、現在の総合的な学習の時間のような活動が開発されました。

生活科の導入

臨時教育審議会の答申を受け、平成元年に改訂された小学校学習指導要領においては、情報化、国際化、価値観の多様化、核家族化、高齢化など社会の大きな変化に伴う教育内容の見直しが行われ、基礎的・基本的な内容が重視され、小学校第一・二学年の社会科と理科が廃止になり、新たに生活科が導入されました（個人的には、理科廃止は科学的な思考・表現の育成を停滞させると思いました）。

生活科の導入に際して、東京都教育庁指導部初等教育指導課では、FK指導主事やCT指導主事が中心となって、指導計画の開発、授業展開の基本モデルの開発、ねらいに即した学習活動の工夫などが精力的に進められました。そのころ、非公式に発行された「生活科だより」は、いまだにコピーされて活用されています。また、教育研究員制度の中に生活科部会を設置して、学校現場に密着した実践研究、開発研究が進められ、資料として各学校に配付、活用されました。

環境教育

東京都が公害学習から環境教育に変換したのは、平成三年の三学期からです。東京都環境教育研究会などの協力を得て、環境教育の指導計画、実践例などを矢継ぎ早に出して、各学校を支援しました。「三つの哲学：地球は生命体全体のものである、地球は限界のある星である、私たちはできるだけ良い状態で次世代に引き継ぐ責任がある」と「三つの重点：環境に優しい心を育てる、環境についての理解と人間の役割を理解させる、環境を守る行動力を育てる」を基本にして進めました。「三つの哲学・三つの重点」は、いまでも通じるものであると考えています。

学校週五日制

学校週五日制が教育の問題として登場したのは、臨教審のころでした。過密な指導内容、過密な授業時数を改善し、児童生徒を学校で囲い込まずに家庭や地域に帰し、学校教育と家庭教育と社会教育が三位一体となって協力・連携し、地域ぐるみで育てようとするものでした。その背景には、民間企業における週休二日制の普及もあり、家庭の教育力回復への期待もありました。

その後、平成四年九月からの半年間の月一回の土曜日休業の試行を経て、月二回の土曜日休業の後、平成一四年から学校週五日制の完全実施に至ったことは周知のとおりであります。

最近は、授業時数の確保という大義名分の下、土曜休業日に授業を実施する学校が増えてきました。時代は、導入した当時とは大きく変化しているわけですから、このあたりで今後どのようにするべきかを、「児童生徒の教育」の視点から再吟味してみる時期に来ているように思います。

日本語テキストの作成

平成の初頭、日本語の話せない外国人の子弟が公立学校に入学・転入することが目立ってきました。日本語の話せない子どもと外国語で会話のできない教師が教室の中で右往左往し、どちらも困る状況があちらこちらで起こりました。

そこで、指導企画課のSN主任指導主事が企画し、初等教育指導課が担当して、日本語のわからない子どもと外国語の話せない教師が困らないためのテキストを作成することになりました。日本語指導に実績のある校長、指導主事、教師、日本語のできる留学生を委員として、作成委員会を立ち上げました。留学生は、文化や習慣の違いのチェックを担当しました。まず、日本語で、これで学校生活はなんとかなるという原本を作りました。いろいろな会話の本を収集して研究しましたが、うまくいきませんでした。あるとき、居酒屋の外国人従業員のための「接客会話本」を見つけました。内容は別として、発想は、困難点の解消につながりました。日本語の原本ができると、後はスムーズに進みました。外国人児童生徒用日本語テキスト『たのしいがっこう』を一八か国語で作りました。当時としては、これで九〇％以上をカバーできました。その後、私的なベトナム旅行に携帯して、現地の通訳に懇願されて「ベトナム語版」を差し上げました。

学校を開く

平成の初めごろ、「学校を開く」ことが求められるようになりました。筆者はこれに関心をもち、学校を開く意味を考え、視点を「時間を開く（一貫性）」「空間を開く（スペース、学校・家庭・地域）」「情報を開く（広報戦略）」「教育方法を開く」「人間を開く」「経営を開く」そして「学校の危機管理」と設定しました。これらの視点は、その後、学校経営を進める上で役立ちました。

（参考：拙著『学校をひらく――変化の時代の教育を求めて』教育出版）

総合的な学習の時間の導入

総合的な学習の時間は、平成一四年度から新規導入されました。この時間の目標は、学習指導要領総則第一の一の後段に示されていることと同じ趣旨で、質の高い学力を目指していることがわかります。各教科等で学んだことを総合的に活用することから、PISAの読解力にも大きくかかわっているとも考えられます。調べ学習や自由研究に矮小化しないで、思考力、表現力、活用力、探究力を育てる時間にしたいと思います。

外国語活動の導入

平成二三年度から、小学校高学年に外国語活動が新設されました。これには直接かかわっていませんが平成九年度に東京都立多摩教育研究所で、総合的な学習の時間での国際教育を見越して、初級会話（英、独、仏、中、韓など）の研修講座を開設し、大盛況だったことを思い出しました。小学校第一学年からの導入も検討されているようですが、ぜひ実現してもらいたいです。

PDCAサイクルのCAの充実

PDS（計画・実施・評価）、PDSI（計画・実施・評価・改善）、PDCA（計画、実施、評価、改善）、RPDCA（調査研究、計画、実施、評価、改善）とさまざまにいわれています。

学生時代のPDSに始まり、その時々に学び、実践してきました。筆者としては、PDCA（指導案、指導、評価、支援）として、CAを重視することが大事だと思っています。

6　ICT化に乗り遅れて大失敗
——新しいものを避けず、溺れず、克服することが重要

教育や授業のことがよくわかっている教師の中に、ICTを軽んずる傾向がありました。いまだに、ICTがわからない、苦手だということで、相変わらず黒板とチョーク、カードや張り紙、地図や解説図だけで間に合わせているベテラン教師がいます。一方、ICTに長じた教師の中には、およそ教育の効果とはかけ離れた「工夫」も見られます。実験の仕方と結果を「見える化」と称して、電子黒板で映像化して見せ、テストでの満点を多くしたと自慢している教師もいます。

どちらのタイプの教師にも良い面が認められます。最近は、ICTを巧みに使いこなしている若手教師と授業力のあるベテラン教師が、互いの長所を生かし協働して、結果として授業力のある教師の授業をICT活用でさらに充実し、若手教師がベテランの授業力に学んでICT活用授業をよりよく改善していく方向で進んでいる実例が見られるようになりました。若手教師とベテラン教師のコラボレーションによって学校の雰囲気が変わり、活性化していくように思います。

筆者の場合は、校長として、校務の処理にICTを活用することもほとんどなく、教育活動、とりわけ授業をICT活用によって改善することにも消極的で、完全に乗り遅れたというより取

り残されてしまいました。

ＩＣＴ活用に鈍感で授業改善が停滞したことは、子どもや保護者に対してすまなく、忸怩たる思いでいっぱいです。多忙化に歯止めをかけることができず、子どもと向き合う時間を奪ってしまい、教職員にすまないと反省しています。

考えもなく新しいものを避けてはいけない、新しいものに溺れてもいけないが軽んじてはいけない、新しいことを恐れず、その困難さや課題を克服することが重要だと思います。「温故知新」で過去に学ぶことも大きいですが、「助長補短」や「臨機応変」に時代の流れや科学の進歩をコントロールしてうまく取り入れていくことも、校長には必要だったとつくづく思います。

でも、アナログ人間の筆者が成功したことが一つだけあります。参考になる雑誌のコピーや新聞の切り抜き、読んだ本、手に入れた資料、他校の研究会の指導案、文部科学省や教育委員会の通知や指導資料、研究団体の研究紀要、いじめや授業崩壊などの対応例や提言などを、職員室の校長の机上に積んでおきました。これは人気があって、いい情報ほど行方不明になりましたが、内心喜んでいました。なかには、自分で入手した情報をそっと机上に置いてくれる教師もいて感激したものでした。ＩＣＴ時代でも活字情報を大事にしてほしいと思います。

10章 ふるさと回想編

1 担任の先生に信頼されて今の自分がある
――見た事実と本人の話を信頼することが基本

筆者が小学校一年生の時の担任は、若くてきれいな増田麗子先生でした。学校の玄関で、アカッパラ（アカコッコの現地呼称）の雛を飼育していました。桑の熟れた実を餌にして簡単に飼育できるので、自宅で飼っている子どももいました（現在は、天然記念物に指定され、捕獲することも飼うことも禁じられています）。

このアカッパラが、ある日、死んでしまいました。犯人捜しが始まりました。「そういえば、小島がこの前、近くにいた。きっと小島がいじめたにちがいない」ということになり、さらに尾ひれが付き、「一年の小島が棒で突ついて殺してしまった」ことになり、上級生に取り囲まれて糾弾されるはめになりました。私は、その勢いに押されて、「ぼくじゃないよ」というのが精一杯でした。「捕まえてきて弁償しろ！」とわかってもらえませんでした。

上級生は、担任の増田先生にも「小島が学校で飼っているアカッパラを殺した」と言いつけたようです。職員室に呼ばれて、「小島君、六年生が、アカッパラを棒で突ついて殺してしまったと言っているけれど、ほんとうなの？」と、聞かれました。「ぼくは、見ていただけで、殺してないよ」ときっぱり言いました。「そう、それならいいわ。先生は、小島君を信じているから。はい、終わり。気にしないで、友達と元気よく遊びな」とわずかの時間で終わりました。「先生もきっとぼくを叱るにちがいない」という思いが内心あったので、この結末は意外なものでした。それにもまして、「先生が、ぼくを信じてくれた」ことは、子ども心に衝撃的なものでした。その日の夕食時に、家族に何回もこの話をしました。ふだん無口の父親が珍しく、「さすが先生だ。いい先生でよかったな」と、イガグリ頭をなでてくれたことを思い出します。

このことが原点になって、校長として教職員と対峙するとき、子どものさまざまな出来事に対応するとき、自分の目で見たことと本人の言い分をまずは「本当のこと」と認めることにしました。多くのことがうまくいきました（もちろん失敗もありましたが）。増田先生のおかげです。

2　肯定的評価で前向きにしてくれた先生
――教職員を「明るく、元気、前向きにする」のが校長の仕事

小学校下学年のころ、担任が六人（一年間、三か月間、九か月間、一週間、四か月と三週間、八か月間）も替わりました。敗戦後数年の厳しい環境の中ですから、少しでも条件のいい学校や仕事に移っていくのは当然のことかもしれません。でも、十歳にも満たない私たちは、「今度の先生は、いつまで、神着《かみつき》小学校にいてくれるだろうか？」と、ひそひそ話し合ったものでした。特に、「母親の病気が悪くなったから……」と内地（東京）に戻られた先生、夏休みが終わっても戻ってこなかった先生のときは、「島の子どもが嫌いなのかなぁ」とショックを受けました。ずっと子どもといる先生になろうと、教師志望がこのころ芽生えました。

打って変わって、上学年の三年間は同じ担任で、廣瀬直行先生に受け持ってもらいました。長身で顔が大きく、髪がごわごわでライオンのような風貌でした。しばらくすると、容姿に似ず優しい先生であることがわかり、楽しい学校生活を過ごすことができました。

いたずらをしても、けんかをしても、「おいおい、やりすぎるなよ」とニコニコ顔でおっしゃるだけでした。それでも、ふだん優しい先生が注意するのはよっぽどのことだと、わんぱく小僧

たちもいたずらやけんかをすぐにやめたものでした。

生活単元学習が中心でした。何かの学習が始まると、その決着がつくまで同じ学習を続けていたこと思い出します。夏になると、体育で水泳をしに浜辺へ行く、泳ぐ、海辺の景色を写生する、海藻に気がつく、海辺の海藻や生き物について学習する、翌日採集してきた天草《てんぐさ》を使って寒天を作る、食べる、それを作文に書く、……というように、学習が続いていくのです。

私たちの学級の子どもは、廣瀬先生から大きな影響を受けました。どの子どもに対しても優しい先生でした。どの子どもも同じように平等に扱ってくれました。だから、私たちの学級は兄弟姉妹のように仲良しで助け合いました。古希を過ぎた今も年に一回集まって、あのころの楽しかった学校生活、みんなで悪さをしたこと、奥様とののろけ話やマリリン・モンローのものまねが上手だった廣瀬先生のことなどを酒の肴《さかな》にして飲んだり食ったり歌ったりしています。

大人になって、筆者は、「誰にも優しく、平等に」を担任の時も、校長の時も心がけました。校長時代の教員とはいまだに、教育情報の交換、飲み会、研修旅行を続けています。しかし、未熟者の筆者は、無意識のうちに「誰にも厳しく」を付け加えてしまったので、課長・所長時代に一緒に働いた人から「あのころは厳しかったなぁー」と酒の肴にされ、一部の人からは「顔も見たくない……」と絶交されています。不徳の致すところです。

3　成績は伸びなかったが、人生を教えてもらった先生
――教師としてのあり方を示すのは校長の役割

中学校時代のことを思い出すことがあります。三宅《みやけ》中学校の五〇周年記念誌を読んでいたら、後輩のA君が、音楽の佐藤フミ先生について「あるトラウマがあって、いっさい歌わなかった。当然、評価は1と思っていたら2になっていて、ぼくのことをわかってくれていたことがうれしかった。(要約)」と思い出を綴っていました。筆者は、自他共に認める音痴で、鑑賞することは大好きですが、まず歌うことはいまだにありません。そのころの音楽は、ペーパーテストと実技(演奏、歌唱)があり、筆者も自覚とは大きく異なる成績をつけてもらったので、A君の回想が筆者の体験と重なりました。

そういえば、大学時代(音楽教育の講義)でも思い出があります。筆者は、自宅にピアノなし、ピアノ教室の経験なし、小学校も中学校もピアノなしでオルガン、高等学校は書道を選択したので、恥ずかしい話がピアノに触れたことがありませんでした。バイエルは進まず、小学校唱歌も満足に歌えませんでした。担当教官は藤原歌劇団の団員だった人でした。廊下で顔を合わせたとき、「キミ、無理しなくていいよ。ただし、条件がある。全出席をすること。最前列で私の前に

座り、話を真剣に聞くこと」といわれました。匙を投げたい学生の救済策であったにちがいありません。そのとおりにして、A（ABCの順、Dは落ち）をもらいました。芸術家は人を幸せにする人だと、感謝・合掌でした。教員採用試験の実技はさいわい水泳しかありませんでした。もちろん、自己認識は確か（?）ですから、子どもに音楽を指導することを避けて教師生活を泳ぎきりました。

英語も駄目でした。中学校のときは有名な生物学者のジャック・モイヤーさんと早大英文科卒の向井元一先生に習いました。なぜか、全く身につきませんでした。先生の指導法に問題があるのではなく、筆者に英語の素質が欠けるか、怠け癖がその原因だと思っています。

ジャック・モイヤーさんは、当時米軍の爆撃演習場だった大野原島に棲息していた稀少なカンムリウミスズメを保護するために、米軍に交渉して演習を中止させました。また、軍用機からパラシュートでクリスマスプレゼントを島の子どもに投下するよう働きかけてくれました。英語はものになりませんでしたが、この人間味ある行動力は、筆者の心にしみ込みました。

向井元一先生はお母さん子で、お母様からよく菓子類が送られてきました。その小包の中に胃薬まで入っていました。下宿へ遊びにいくと、もったいぶって少しだけ食べさせてくれました。東京へ異動した後も、高校時代、大学時代、そして教師になってからもアルバイトの斡旋や悩み事の相談に乗ってもらいました。英語は駄目だったけれど、人生を教えてもらいました。

4　いつも一緒だった親友と幼友達
――故郷には見慣れた風景と昔のままの人間がいた

大学時代からつき合いのある酒井みち江さんと四人の孫を連れて、久しぶりに、長姉を訪ねて、故郷の三宅島に帰りました。竹芝桟橋を午後一〇時三〇分に出港して、翌朝五時に錆が浜港に着きました。歳のせいか、数年ぶりに見る島影と打ちつける白波と潮の香りが胸にジンときました。

孫たちは、初めて目にする海に浮かぶ小さな島に、好奇心が一気に高まったようです。民宿の迎えのジープに揺られて二十分、小中学校のときに遊んだ大久保浜に到着しました。民宿のおばさんも、隣の漁師の老人も、筆者のことをかすかに覚えていました。

朝ごはんを済ませて、早速、六人で磯遊びに出かけました。島の海は突然深くなるので、孫から目がはなせません。それでも、大きめの潮溜まりで、カニ、エビ、ハゼ、貝、カメノテ、さまざまな熱帯魚が網ですくえました。タオルでもすくえました。素手でも捕れました。孫たちは大喜びで、初めての磯遊びを満喫できたようです。

午後は、村営のバスに乗って、神着の一七歳年上の長姉を訪ねました。すっかり歳をとっていましたが、わりあい元気なので安心しました。しばらく前の噴火の被害で自分の家には住めず、東京へ引き上げたきりになっている知り合いの空き家で一人暮らしをしています。畑で野菜を育てるなど生活に動きはあるようなので、安心しました。もっと長生きしてほしいです。

夕刻は、小学校時代の恩師、廣瀬先生の家を訪ねました。残念なことに、一か月前に黄泉の国へ旅立って会えませんでした。奥様にお会いでき、長い闘病生活でしたが最後は眠るように息を引き取られたとお聞きして、お土産の米屋の羊羹をお供えし、お線香をあげ、はるか昔をしのび感謝しつつご冥福をお祈りしました。

次の日は、錆が浜港で、孫たちとアジ釣りをしました。初めての海釣りにしては入れ食い状態で、孫たちは興奮ぎみでした。すぐ背が立たなくなる海で、浮き輪を付けて恐る恐る泳ぎました。筆者は泳ぐどころか監視役で、大きな波が来るたびに緊張していました。

夜、小学校以来の無二の親友、加藤公平君が民宿を訪ねてきてくれ、幼いころに戻って楽しく過ごすことができました。いくつになっても友達はいいものです。万一噴火や大地震があっても孫たちを守らなければならないと、酒は控えていたので、コーヒーでの談笑でした。

公平君もそうですが、職場を同じくしたMKさんやCTさんとは、自分の弱みを見せることができる関係で、筆者にとって宝物です。孫たちにとっても、故郷の町と自然、友達が宝物になることを願っています。そして、学校教育が、その一助になってほしいと切望します。

【著者紹介】 小島 宏（こじま ひろし）

1942年東京都三宅島生まれ。東京都荒川区立第一峡田小学校・東京学芸大学附属小金井小学校教諭，東京都東村山市教育委員会指導主事，東京都教育庁指導部初等教育指導課指導主事（算数），東京都立教育研究所主任指導主事（道徳教育，小・中学校教育），東京都教育庁指導部主任指導主事（環境教育），同初等教育指導課長（幼稚園，小学校），東京都東村山市立化成小学校長，東京都立多摩教育研究所長，東京都台東区立根岸小学校長を経て，現在，(財)教育調査研究所研究部長。この間，文部科学省「小学校学習指導要領」「同解説　算数編」作成協力者，教育課程審議会専門調査員，東京都教育委員会「東京都公立小学校・学校評価基準」作成委員長などを歴任。

〔主な著書〕『学校をひらく』（1995，教育出版），『授業崩壊』（1998，教育出版），『学校の自己点検・自己評価の手引き（小学校版）』（2002，明治図書），『授業のなかの評価』（2003，教育出版），『算数科の授業づくり』（2003，教育出版），『ハンドブック学級経営の悩み相談』（2005，教育出版），『ハンドブック学ぶ意欲を高める100の方法』（2006，教育出版），『学力向上作戦』（2006，教育出版），『算数科の思考力・表現力・活用力』（2008，文渓堂），『学校だより「巻頭言」の書き方＆文例』（2009，学事出版），『小学校担任がしなければならない評価の仕事12か月』（2010，明治図書），『校長・副校長・教頭の実務カレンダー』（2010，学事出版），『小学校学級担任の実務カレンダー』（2011，学事出版），『自己申告・授業観察の面談で困ったときに開く本』（2012，教育開発研究所），『小学校算数「数学的な考え方」を育てるノート指導術』（2013，教育出版）

絵：小島勇希（上）／小島靖明（下）

学校経営　こんなことが役立った

2013年8月6日　第1刷発行

編　者　小島　宏
発行者　小林一光
発行所　教育出版株式会社
〒101-0051　東京都千代田区神田神保町2-10
電話　03-3238-6965　振替　00190-1-107340

印刷　神谷印刷
製本　上島製本

ISBN 978-4-316-80386-9 C3037